数字经济时代的新型模式研究

宋敬敬　　王永军　劳润夏◎著

山西出版传媒集团　山西人民出版社

图书在版编目（CIP）数据

数字经济时代的新型模式研究 / 宋敬敬，王永军，
劳润夏著. -- 太原：山西人民出版社，2023.7
ISBN 978-7-203-12859-5

Ⅰ．①数… Ⅱ．①宋… ②王… ③劳… Ⅲ．①信息经
济—研究 Ⅳ．①F49

中国国家版本馆 CIP 数据核字（2023）第 132497 号

数字经济时代的新型模式研究

著　　者：宋敬敬　王永军　劳润夏
责任编辑：周小龙
复　　审：李　鑫
终　　审：梁晋华
装帧设计：博健文化

出　版　者：山西出版传媒集团·山西人民出版社
地　　　址：太原市建设南路 21 号
邮　　　编：030012
发行营销：0351 -4922220　4955996　4956039　4922127（传真）
天猫官网：https://sxrmcbs.tmall.com　电话：0351 -4922159
E -m a i l：sxskcb@ 163.com　发行部
　　　　　　sxskcb@ 126.com　总编室
网　　　址：www.sxskcb.com

经　销　者：山西出版传媒集团·山西人民出版社
承　印　厂：廊坊市源鹏印务有限公司

开　　本：787mm×1092mm　　1/16
印　　张：11.25
字　　数：263 千字
版　　次：2024 年 6 月第 1 版
印　　次：2024 年 6 月第 1 次印刷
书　　号：ISBN 978-7-203-12859-5
定　　价：88.00 元

如有印装质量问题请与本社联系调换

前　言

近年来，中国数字经济快速发展，各项指标位居世界前列，数字技术与传统经济持续融合，中国已成为名副其实的数字经济大国。新一轮科技革命引发了信息技术的爆发式增长，加速了互联网、云计算、大数据、人工智能等新一代信息技术与经济社会各个方面深度融合，也奠定了数字经济爆发的前提。除了技术快速演进，信息技术加速商业化的特征也是数字经济级数式增长的源泉。但不能忽视的是，在数字经济发展的过程中，模式创新一直是其独特和显著的标签。那么，什么是数字经济？数字经济将给我们带来哪些变革？产生哪些新型发展模式？企业、消费者甚至整个社会该如何迎接数字经济时代？这些正是本书要探讨的问题。

本书共六章。第一章从数字经济的概念及特点、数字经济的兴起与发展、数字经济的原理阐释、发展数字经济的意义及优势等方面探讨了数字经济的基本理论。第二章为数字经济时代的创新表现，从创新原理与创新思维认知入手，对数字经济对创新发展的重要性、数字经济时代的商业模式创新做了探讨。第三章为数字经济时代技术创新与模式创新融合，在介绍技术创新与模式创新融合背景及特征的基础上，对技术创新与模式创新融合的一般方式、技术创新与模式创新融合的中国实践、技术创新与模式创新融合的着力点进行了分析。第四章为数字经济时代的企业转型与发展创新，探讨了企业数字化准备及要素、传统企业与数字化企业的区别、企业数字化转型的原则及内容、数字经济时代的企业运营变革等内容。第五章从市场营销环境、数字经济时代的市场营销战略、数企业组织设计、市场营销管理四个方面探讨了数字经济时代的市场营销管理创新。第六章探讨了数字经济时代的数字服务业、工业物联网、数字农业、数字出版等产业发展。

在本书的撰写过程中，参考和借鉴了数字经济与创新实践方面的大量文献，在此对相关作者表示诚挚的谢意。由于笔者水平有限，加之时间仓促，书中不足之处在所难免，敬请读者批评指正，以待我们在修订中不断完善。

笔者

2021 年 1 月

目　录

第一章　数字经济的基本理论

第一节　数字经济的概念及特点

一、数字经济的概念

（一）数字经济概念的历史沿革

信息与通信技术持续创新、融合扩散、引领转型的过程，也是人们对信息经济内涵外延认识不断深化的过程：从 1962 年马克卢普提出"知识产业"（Knowledge Industry），到 1977 年波拉特提出"信息经济"（Information Economy）；从 1996 年 OECD 提出"以知识为基础的经济"（Knowledge Based Economy），到世纪之交"数字经济"（Digital Economy）、"网络经济"（Network Economy）、"虚拟经济"（Virtual Economy）、"互联网经济"（Internet Economy）等新概念的涌现，无不反映了人们对信息化实践的新理解和新认识。

1996 年美国学者泰普斯科特在《数字经济时代》中正式提出数字经济概念，1998 年、1999 年、2000 年美国商务部先后出版了名为《浮现中的数字经济》（I、II）和《数字经济》的研究报告。联合国、欧盟、美国、英国等的研究机构纷纷提出了数字经济、信息经济、网络经济的新概念，不同国家对数字经济内涵外延认识的共同点是，把信息通信技术产业作为数字经济的内核，差异在于信息通信技术（ICT）与传统经济融合的深度和广度。2016 年杭州 G20 峰会上发布的《G20 数字经济发展与合作倡议》中给出了数字经济的定义，即数字经济是指以使用数字化的知识和信息作为关键生产要素、以现代信息网络作为重要载体、以信息通信技术的有效使用作为效率提升和经济结构优化的重要推动力的一系列经济活动。

（二）数字经济的定义与内涵

半个世纪以来，国际社会围绕信息通信技术的创新、扩散、应用及带来的影响提出了知识经济、网络经济、数字经济、信息经济、互联网经济等一系列新概念，都试图描述新一代信息通信技术与经济社会变革，随着技术演进和认识深化，数字经济成为国际社会发展的共识。信息经济与数字经济的内涵和外延大体一致，根据当前国际，国内关于信息化和经济转型发展的共识，中国信息化百人会将 2017 年的研究报告改为《数字经济：从量变到质变》。

中国信息化百人会认为数字经济是全社会基于数据资源开发利用形成的经济总和。在这个定义中，数据是一切比特化的事物，是与物质、能量相并列的人类赖以利用的基本生产要素之一。数据资源开发利用是为了服务于人类经济社会发展而进行的数据生产、采集、编码、存储、传输、搜索、处理、使用等一切行为及支持这些行为的 ICT 制造、服务与集成。

数字经济是以数字化信息为关键资源，以信息网络为依托，通过信息通信技术与其他领域紧密融合，形成了五个层次和类型：①以信息产业为主的基础型数字经济层。基础型数字经济主要体现为信息产品和信息服务的生产和供给，主要包括电子信息制造业、信息通信业和软件服务业等。②以信息资本投入传统产业而形成的融合型数字经济层。信息通信技术的持续创新发展，推动了信息采集、传输、存储、处理等相应设备不断融入传统产业的生产、销售、流通、服务等各个环节，形成了新的生产组织方式，带来了更多的产出。③体现信息通信技术带来全要素生产率提高的效率型数字经济层。效率型数字经济是指因全要素生产率中信息通信技术的使用带来全要素生产率的提高而增加的经济总量部分。④以新产品、新业态形式出现的新生型数字经济层。信息通信技术与传统产业融合不断催生出新技术、新产品、新模式，并形成了富有创新活力和发展潜力的新产业，即新生型数字经济。⑤产生社会正外部效应的福利型数字经济层。信息通信技术在经济社会领域的普及推广，带来了更多的社会信任、更高的公共安全和更广的社会参与等潜在的社会福利，即福利型数字经济。

数字经济构成如图 1-1 所示：

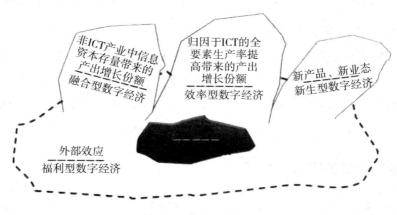

图 1-1　数字经济构成

二、数字经济的特点

数字经济作为一种有别于农业经济和工业经济的新型经济形态，其呈现出一些传统经济所不存在的独有特点，具体表现在以下几个方面：

（一）数字化

数字经济时代，一切信息均能够以数字化形式表达、传送和储存，数据成为驱动经济发展的关键生产要素。从生产要素来看，农业经济的核心要素是土地，工业经济的核心要素是资本、能源，而数字经济的核心要素则是数据。数字经济领域时刻有海量数据产生，而且随着移动互联网和物联网的蓬勃发展，人与人，人与物、物与物的互联互通得以实现，数据资源、数据量呈几何级数爆发式增长。全球数据增速符合大数据摩尔定律，大约每两年翻一番。世界经济论坛提出，到2025年全球每天预计会有463个艾字节（EB）的数据产生。庞大的数据量及其处理和应用需求催生了大数据概念，数据日益成为重要的战略资产。数据资源将是企业的核心实力，谁掌握了数据，谁就具备了优势。对国家也是如此。美国政府认为，大数据是"未来的新石油"，数字经济中的"货币"以及"陆权、海权、空权之外的另一种国家核心资产"。数据是驱动数字经济技术创新与模式创新的核心力量，对数据的分析、挖掘与利用，可以释放巨大价值，数据日益成为重要战略资源和新型生产要素。

（二）智能化

智能化是指事物在互联网、大数据、物联网、人工智能等技术支撑下能动地满足人类需求的属性。智能化的实现依赖于算法，算法是计算机程序运行的一系列规则，作为构建平台的底层技术要素，定价算法、推荐算法等被广泛运用于电子商务、新闻媒体、交通、医疗等各领域。

2015年以来，人工智能研究在多个领域实现突破，数字经济进入以智能化为核心的发展阶段。目前，其商业模式还主要集中在单一的弱人工智能应用上，包括语音识别、自动驾驶、机器人写稿、图像识别、医疗辅助等诸多领域，具有代表性的公司有谷歌、百度、科大讯飞、阿里巴巴、苹果等。未来，智能化技术发展将对数字经济发展产生质变效应，推动人类生产生活方式的新变革。

利用共享时代的优势，加快传统企业的数字化转型，将是未来所有企业的核心战略。在共享时代利用个人、企业、政府甚至社会的闲置资源，依靠互联网、大数据、云计算等数字技能，推动传统企业向数字化转型发展。传统企业依靠"互联网+企业"的模式，应用数据化思维，建立连接内外资源、协作共享的机制，通过建立数字化的协同平台以及生产资源、财务、法务共享平台，实现互联互通，做到精细化管理，最终实现传统企业的智能化发展。

（三）平台化

互联网平台模式是数字经济的重要组织形式。平台是一种居中撮合，连接两个或多个群体的市场组织，其主要功能是促进不同群体之间的交互与匹配。平台具有跨界网络效应，即一个平台产品或服务对用户的价值取决于平台另一边用户的规模。比如网约车平台上司机越多，平台对乘客的价值就越大。在网络效应作用下，数字经济在许多细分领域容易形成"赢家通吃""一家独大"的市场格局，数字平台的崛起成为全球数字经济发展的重要现象与必然规律。依托"云网端"新基础设施，互联网平台创造了全新的商业环境。信息流不再被工业经济供应链体系中的巨头所阻隔，供应商和消费者的距离大大缩短，沟通成本大大降低，直接支撑了大规模协作的形成。

（四）共享化

首先，共享时代要求数字资源具有共享性。数字经济的一大发展方向应当是不断拓展数字信息资源，发展关于数字技术的集成、存储、分析以及交易业务，在共享时代下释放数字技术资源的新价值。其次，共享时代需要数字技术与产业融合发展，以便创造出更多的商业发展模式。数字技术与产业融合成为数字经济的重要发展方向，通过产业融合，实现产业数字化、智能化，产业的边界逐渐模糊，最终形成产业开放化发展以及产业间价值网络转型升级。最后，共享时代要求数字经济发展具有强大的服务功能，由此才能带动对共享商业模式的更多需求。融合服务业与数字技术发展的服务型数字产业是共享时代数字经济发展的重要方向，也体现出数字经济在共享时代的应用性，以数字技术为基础的数字金融、智能支付、智慧物流、智慧健康、电子商务、数字信息服务等服务型数字产业将在共享时代迅猛发展。

（五）跨界融合

随着数字经济的发展，跨界融合的特点日益突出。一是供给方和需求方的界限日益模糊，逐渐成为融合的"产销者"。在供给方面，企业可以通过大数据技术挖掘用户需求、分析用户的消费行为和习惯，有针对性地开发产品，如可以借助3D打印技术实现完全个性化的设计和生产。在需求方面，透明度增加、消费者参与和消费新模式的出现，使企业不得不改变原来的设计、推广和交付方式。二是人类社会网络世界和物理世界日益融合。

随着数字技术的发展，网络世界不再仅仅是物理世界的虚拟映像，而是真正进化为人类社会的新天地，成为人类新的生存空间。同时，数字技术与真实世界的融合，也使得现实物理世界的发展速度向网络世界靠近，人类社会的发展速度将呈指数级增长。网络世界和物理世界融合主要是靠信息物理系统（CPS）实现的。该系统包含了无处不在的环境感知、嵌入式系统、网络通信和网络控制等系统工程，使我们身边的各种物体具有计算、通信、精确控制、远程协助和自组织功能，使计算能力与物理系统紧密结合与协调。同时，随着人工智能（AI）、VR（虚拟现实）、AR（增强现实）等技术的发展，推进物理世界、网络世界和人类社会之间的界限逐渐消失，构成一个互联互通的新世界。

第二节　数字经济的兴起与发展

对数字经济的兴起与发展，我们可以借助刘亭研究员的分析，从一组概念进行把握，即认知-科学-技术-产业-经济。作为万物之灵，人类在感知外部世界的基础上还可以认知，正是人类对信息的认知促进了科学技术的发展。纯粹的科学只有经过工具化，转化为特定的产品和服务，才能满足人类的需求。生产出来的产品只有经过批量的生产和商业化运作，才能叫作产业。产业数字化也就是通过现代信息技术的市场化应用，将数字化的知识和信息转化为生产要素，推动数字产业的形成和发展。运用互联网技术对传统产业进行连接与重组，对传统模式进行解构和再创，带来的产出增加与效率提升，就是产业数字化，与概念中的传统经济相对应。

一、数字经济的认知

人类对信息的认识促进了科学技术的发展。信息的概念最早出现于通信领域，即对收信者来说是事先不知道的消息。信息是物质的一种属性，事物之间的相互联系和相互作用就是交换物质流、能量流和信息流的过程。人类认识的第一次飞跃便是对物质的认识，第二次飞跃是对能量的认识，第三次飞跃是对信息的认识。信息在社会物质生产和人类的日常生活中发挥了越来越大的作用。如今社会进入信息时代，进行的是信息革命，如用计算机代替人的大脑处理信息，实现人的部分脑力劳动机械化和自动化。

任何一个时代都有其特有的观念和方法论。农耕时代之后的工业时代保持的科学观念，是经典力学的机械思维。工业时代之后的信息时代保持的科学观念是互联网思维。现代社会变化速度极快，并且极其复杂，同时充满了不确定性。因此，在信息化时代，有必要对三论——"控制论、系统论和信息论"加以了解并掌握。控制论认为，任何系统在外界环境的刺激下必然会做出反应，这个反应反过来又影响系统本身。为了维持这个系统的稳定，就要把系统对刺激的反应反馈到系统里，让系统产生一个自我调节机制。系统论要求把事物当成一个整体来研究，从系统整体考虑内外部关系，规定其结构，并用数学模型定性和定量地确定系统的结构与行为。信息论把研究对象作为信息系统看待，是运用概率论和数理统计方法，从量的方面来研究如何获取、加工、处理、传输和控制系统信息的一门科学。"三论"的出现不仅具有重大的理论意义和现实意义，而且为社会经济管理发展提供了新的方法，其中包括人工智能方法。计算机和人工智能科学在一定程度上延伸了人类大脑的功能，现在已成为人类争取自由的有力武器。一方面，人类的计算、信息储存和处理的能力远不如机器；另一方面，机器可以使人类的智能和知识物化，直接促进生产劳动逐步转化为科学劳动，加速社会劳动的智能化，从而快速提高劳动生产率。

二、数据密集型科学

什么是科学？这是一个古老而又年轻的课题。从词源上来说，科学意为知识和学问。科学是运用范畴、定理和定律等思维形式反映现实世界中各种现象的本质和运动规律的知识体系。传统的科学手段有理论研究和实验研究，但是现在由于计算科学的快速发展，计算业已上升为科学研究的另一种手段，它能够直接并有效地为科学服务，这已为大量的事实所证实。理论科学、实验科学和计算科学已经成为推动人类文明进步和科技发展的重要途径。不仅如此，随着大数据技术的日益成熟，数据密集型科学还成为科学发现的第四大支柱。

20世纪90年代以来，随着计算机与互联网的迅猛发展，人们获取信息资源越来越便捷，促使社会进入网络信息时代，人类的生活发生了巨大的变化，复杂网络也在信息时代的生活中发挥着主导作用。同时，科学家利用科学知识和高科技成果，积极开展对复杂网络的研究。网络科学就是专门定性或定量研究复杂网络系统的一门崭新的交叉学科。网络科学的研究内容十分广泛，且具有巨大的应用潜力，对全球的经济发展有长远的战略意义。当然，任务也十分艰巨。在21世纪的互联网和信息时代，互联网的发展带动了计算机、通信和软件等信息产业的发展，成为经济发展的重要推动力。

20世纪60年代，脑科学作为一门独立的综合性学科诞生了。近年来，脑科学、脑机接口和融合智能等前沿科学已成为多国未来发展的重点，人工智能是引领下一代战略性技术和产业变革的核心驱动力。据统计，2018年全球脑机接口的经济规模约为12.5亿美元，到2025年有望增长到28.3亿美元，在这期间的复合年均增长率为12%。斯坦福大学发布的报告《2030年的人工智能与生活》认为，人机智能协同是未来主要趋势之一。中国"十三五"规划纲要，也把脑科学和类脑研究列入国家重大科技项目。对人的意识、人脑工作模式的解析，将促进人工智能质的飞跃。此外，未来人工智能与云计算、大数据各领域之间的界限也会模糊化，三者将形成更加紧密的合力发展。

三、数字经济的技术发展

从最初的信息传输技术到如今的信息社会，中间经历了大约 260 年的发展历程。信息技术革命推动了人类信息传输技术的应用，将整个世界连成了一个地球村。在现今这个信息社会，支撑其运行的基础技术分为通信技术、计算机技术、计算机网络技术以及应用平台技术。

（一）通信技术

通信技术是伴随科技的发展和社会的进步而逐步发展起来的。1837 年，莫尔斯成功研制出世界上第一台电磁式电报机，并且在 1844 年成功用莫尔斯电码发出了人类历史上第一份电报，实现了长途电报通信。1876 年，贝尔发明了电话，成功将声信号转变为电信号沿导线传送。1901 年，马可尼实现了横跨大西洋的无线电通信。从此，传输电信号的通信方式得到广泛应用和迅速发展。到了 20 世纪 20 年代，通信建设和应用得到快速发展。20 世纪 80 年代，各种信息业务应用增多，通信网络开始向数字网络发展。

（二）计算机技术

虽然科学技术与社会工业的发展使人类的通信方式得到根本性的转变，但这更多的只是解决了信息的传递问题，而真正实现信息技术革命的是电子计算机的发明。1946 年 2 月 14 日，第一台电子计算机（ENIAC）诞生于美国宾夕法尼亚大学，目的是用来计算炮弹弹道。它的诞生为人类开辟了一个崭新的信息时代，使人类社会发生了巨大的变化。但是当时由于有限的科技水平以及前期较大的投入成本，计算机主要以与军事有关的计算工作为主，并不被大众所使用。直到 20 世纪 60 年代，特别是到了 80 年代，随着计算机制造成本的降低，一些政府机构、科研单位才开始采用计算机分析、管理数据。

英特尔 4 位中央处理器的出现进一步推动了计算机的普及和发展。1982 年首台个人计算机的问世更是使计算机走进了一般的公司和家庭。20 世纪末至 21 世纪初，个人计算机在欧美发达国家和地区的家庭基本得到普及。

（三）计算机网络技术

计算机网络技术系通信技术和计算机技术融合的产物。随着计算机技术和通信技术的进步，网络技术也得到了飞速发展。1969 年，美国国防部高级研究计划署建成的世界上第一个实际运营的封包交换网络——阿帕网，是全球互联网的始祖。其通过通信电路将不同领域的分布式计算机主机连接到一起，使不同计算机之间的信息和数据交换得以实现，并且每台电脑也可以独自处理自己的工作。此后，计算机网络技术发展的速度越来越快。为了进一步推动互联网的发展，美国国会于 1992 年通过了一项关于网络的修正案，即原来只能访问自己网络的公司可以访问更多的互联网，同时也使互联网的普通用户访问世界其他地区的网络变得更加便利。1993 年，美国又推出了"信息基础设施建设规划"。1994 年，美国时任副总统阿尔·戈尔首次提出"信息高速公路"的概念。自此，全球爆发了一股创建信息高速公路的狂潮，进而有效促进了计算机网络技术的前进。

（四）应用平台技术

随着计算机网络技术的进步以及互联网的普及，一大批互联网企业得到了较快的发展。产生这一结果的原因是云计算、大数据、物联网等技术的应用。

云计算是一种分布式计算，是指通过网络"云"将庞大的数据计算处理程序分解为无数个小程序，然后通过多台服务器组成的系统对这些小程序进行处理和分析，并将得到的结果返回给用户。2006 年 8 月 9 日，谷歌首席执行官埃里克·施密特在搜索引擎大会上首次提出"云计算"的概念。2007 年以来，云计算成为大型企业的重要研究方向，互联网技术和 IT 服务也出现了新的模式。2008 年，微软发布的公共云计算平台让很多大型公司加入云计算的行列。2009 年，阿里巴巴在江苏南京建立首个"电子商务云计算中心"。目前，云计算已经进入成熟发展阶段。

互联网和信息行业的发展，使得人们越来越关注随之产生的数据。数据已经渗透到每一个行业和业务领域。例如，我们每天使用的电脑，一次点击输入就能产生相应的数据；成千上万的人点击，就会产生海量数据，也就是所谓的大数据。大数据技术就是对这些数据进行处理、存储和分析。大数据需要云计算，而云计算也需要大数据。

物联网技术是指可以将任何物品与互联网相连接，进行信息交换和通信，以实现智能化识别、定位、追踪、监控和管理的一种网络技术。2009 年，时任总理温家宝提出"感知中国"，而后物联网被正式列为五大战略性新兴产业之一。自此，物联网在中国受到了全社会极大的关注。物联网技术在感知、控制和协同的过程中，一方面创造了众多的物联网细分行业，另一方面提升了传统产业的效能，使数字经济成为带动我国经济社会发展的核心力量。

四、产业：数字产业化

数字产业化是指通过大数据、云计算、人工智能等以市场为导向的现代信息技术应用，将数字知识和信息转化为生产要素，以促进数字产业的形成和发展，最终形成数字产业链和数字产业集群的过程。习近平总书记强调："要发展数字经济，加快推动数字产业化，依靠信息技术创新驱动，不断催生新产业、新业态、新模式，用新动能推动新发展。"由此可见，数字产业化是发展数字经济的重要内容，是推动经济高质量发展的重要驱动力。

从传统意义上来讲，数字产业等同于信息通信产业，是数字经济发展的前导产业，具体包括电子信息制造业、信息通信业、软件和信息技术服务业、互联网与人工智能行业等。电子信息制造业主要从事计算机、集成电路、电子设备、可穿戴设备和传感器的研究、开发与生产，包括相关机械和设备的硬件制造以及计算机软件的开发与设计。信息通信业通过互联网、物联网、无线通信、移动互联网等现代数据传输中介将信息及时、准确和完整地传递到需求方。软件和信息技术服务业涉及计算机软件、大数据技术、电子商务、人工智能、区块链等软件技术，主要是对信息资源进行收集、整理、筛选和处理，并且基于电子信息技术为相关组织部门提供决策依据。互联网与人工智能行业包括互联网、大数据、云计算等基础技术的研发，人机交互、计算机视觉、深度学习等人工智能技术的发展和智能语音、人脸识别、智能机器人、无人驾驶等领域的人工智能技术的应用。覃洁贞等（2020）将数字基础性产业分为数据资源开发产业、数字商务产业以及数字民生产业，如图1-2所示：

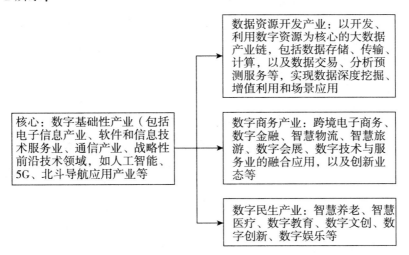

图1-2 数字基础性产业

目前，以互联网、大数据、人工智能、云计算、区块链等为代表的新一代技术日新月异，数字产业化新业态、新模式层出不穷。在新一轮产业革命中要集中力量推进数字产业化：一要培育壮大核心引领产业——大数据和物联网产业；二要推进布局前沿新兴产业——新一代人工智能产业；三要加快发展关键基础产业——新一代信息技术制造业；四要积极培育应用服务产业——高端软件与信息技术服务业。

五、经济：产业数字化

在新一轮全球化浪潮中，世界各国都开始受到产业数字化的影响。《中国产业数字化报告 2020》首次对"产业数字化"概念进行了阐释，即产业数字化是指在新一代数字科技支撑和引领下，以数据为关键要素，以价值释放为核心，以数据赋能为主线，对产业链上下游的全要素进行数字化升级、转型和再造的过程。习近平总书记在全国网络安全和信息化工作会议上指出："要推动产业数字化，利用互联网新技术新应用对传统产业进行全方位、全角度、全链条的改造，提高全要素生产率，释放数字对经济发展的放大、叠加、倍增作用。"由此可见，产业数字化发展对我国经济转向高质量发展具有重要意义。

产业数字化发展对我国经济转向高质量发展的影响，可从三个层面进行阐释：微观层面，产业数字化助力传统企业转型，提高企业的生产效率；中观层面，产业数字化助力产业提质增效，重塑产业分工新格局；宏观层面，产业数字化加速新旧动能转换，助力国家经济发展。

随着全球化进程的放缓以及我国人口红利的消失，传统企业的发展面临越来越多的问题，迫切需要转型升级。与此同时，数字科技的发展日新月异，从金融科技、数字乡村、数字农牧、数字营销到智能城市，数字科技实现了技术上的进阶及与实体产业的快速融合，数字化为传统企业的转型升级带来了希望。另外，数字科技还可以提升产品的智能化水平，强化企业数字化技术改造，应用人工智能、物联网、云计算等技术对传统企业及其设备和生产流程进行优化更新，使企业的生产从单机化向连续化转变，降低企业的生产成本，提高企业的生产效率。

如今，大数据、人工智能、物联网、云计算、区块链等数字科技的应用越来越广泛，线上购物、线上办公、网络课堂等彻底改变了我们的生活。2020 年的新冠肺炎疫情更是加快了数字科技的进一步应用，同时催生了共享经济、平台经济等新业态、新模式；促进了新一代信息技术、机器人等新兴产业的兴起，实现了数字产业化，逐步形成了大中小企业各具优势、梯次发展的数字化产业格局。另外，产业数字化孕育了整个产业新的业态、模式、机制，打造新旧动能转换，提升国家数字生产力，助推国家实现经济高质量发展，已成为推动经济增长的关键核心动力。

第三节　数字经济的原理阐释

数字技术以比特（bits）的形式呈现信息，有效降低了数据存储、计算和传输的成本。数字经济便是研究数字技术是否以及怎样改变经济活动的一种经济形态。了解数字技术的影响并不需要完全颠覆原有经济学理论，而是要思考当信息是用比特而不是原子（atoms）表示时，经济活动会有什么变化。

一、产业革命推动技术经济范式变革

所谓技术经济范式，是用来描述技术广泛渗透和应用于经济系统后，对微观企业和宏观产业产生的影响。

（一）历史上的四次技术经济范式

迄今为止，人类社会共经历了四次影响深远的技术经济范式以及随之创造的产业革命和经济变迁。历次革命性技术经济范式的创新和变迁均遵循熊彼特提出的"破坏性创新过程"，形成各个领域（如投入、产品、产业、制度和经济）的新变迁。表1-1按照新技术创造的产业革命先后顺序，从经济社会的三个重要层面进行了梳理。

表1-1　技术经济范式、产业革命与经济变迁

产业革命和经济变迁			新技术和新产业		技术经济范式		
产业革命	时间	经济变迁	新技术	新兴产业	新范式的突破	微观结构影响：企业层面	宏观结构影响：产业层面
第一次	18世纪中叶—19世纪中叶	农业经济向工业经济变迁	蒸汽动力技术；机械制造技术	纺织业、机械制造业、海陆运输业	突破了手工生产的局限性	企业规模较小；合伙制	农业为主体的产业结构之外，开始出现新产业
第二次	19世纪下半叶—20世纪40年代	工业经济形成	电力技术；电磁通信技术	电力运输、钢铁、电话、电报	突破了前一范式的生产局限性	出现垄断企业；规模扩大；股份制	三次产业结构形成，工业取代农业成为主体产业
第三次	20世纪40年代—70年代	后工业经济形成	原子能技术、航天技术、电子计算机技术	汽车制造业、消费电器、无线电产品与电视产品	突破了前一范式的生产局限性	出现跨产业和跨行业的垄断企业；规模继续扩大；组织结构复杂；跨国公司	第一产业比重下降；第二产业结构调整；第三产业占比最大

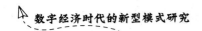
续表

产业革命和经济变迁			新技术和新产业		技术经济范式		
第四次	20世纪70年代开始	工业经济向数字经济变迁	微电子技术、ICT技术、计算机辅助生物技术，新材料技术	微电子产业、ICT产业、控制仪表、交通通信、自控设备	打破传统要素有限供给约束；突破要素时间和空间局限	出现数字垄断；组织结构扁平化、网络化、虚拟化；数字经济基础产业领域企业发展迅猛	第一产业比重继续下降，传统制造业数字化改造，跨多部门的数字经济基础产业成为国民经济的重要部门

资料来源：刘昭洁，《数字经济背景下的产业融合研究：基于制造业的视角》，对外经济贸易大学，2018年。

从表1-1中可以得出如下结论：

第一，历次的技术经济范式都体现革命性技术创新带来的社会新财富的增长和经济潜力的释放，成为未来经济的主导力量。新技术提供的增长潜力、优化生产结构、提升生产率和质量水平，对生产和生活方式产生深刻影响，变革经济社会的组织及管理方式，并在相当长的时期内对各层面的经济结构、经济运行模式、产业组织形态、微观主体活动造成全面影响，实现产业革命和新经济格局。

第二，历次的技术经济范式并不仅意味着单一的技术范式，其形成与完善需要伴随关键技术创新、新生产结构、新产业结构及新制度环境的匹配。新技术催生的产业革命代表了技术经济范式的开端，在新的生产、产业和制度融合应用的过程中，进一步完善新技术并促进新产业的崛起。

第三，技术经济范式变迁的速度加快。由蒸汽动力技术主导的技术经济范式历时100到200年的时间才完成从理论到技术再到产业运用的过程。而以电力技术和能源技术为主导的技术经济范式完成同一周期的时间大大缩短。而数字技术更是在信息存储、处理、传输等方面的技术创新基础上提高更多领域的分工速度，进一步缩短周期。

第四，前三次技术经济范式的主要突破都在于扩展了前一范式的生产空间，而数字技术经济范式则不仅拓展了前一范式的生产空间，更是打破了传统生产要素有限供给对增长的约束，突破了要素在时间和空间上的局限性。

（二）产业革命与经济理论演进

从经济史和经济思想史的角度来看，历史上每一次重大技术的出现，都会带来经济形态的转变；而在经济转变过程中所产生的"新现象"则会对既有的主流经济学理论形成冲击。随着新技术的进一步发展和经济形态的持续变迁，这些零星的"新现象"逐渐汇聚成系统性的"新现象"，从而形成新的典型性事实（Stylized Facts）。为了更好地解释新经济形态下的典型性事实，新的经济理论便会逐步成形，最终形成系统的理论框架。

如图 1-3 所示，18 世纪中叶以蒸汽机的发明和应用为标志的第一次产业革命使人类从农业经济时代进入工业经济时代，手工业生产逐渐被机械化生产所代替。1776 年，以亚当·斯密发表的《国富论》为代表的古典经济理论开始兴起，建立在劳动价值论和完全竞争市场结构的基础之上。19 世纪下半叶，以发电机的发明和应用为标志的第二次产业革命将工业化推向新阶段，使工业生产进入到机器大规模应用的电气化阶段。由此新古典经济理论开始取代古典经济理论，以马歇尔和凯恩斯为代表所提出的理论如边际分析、一般均衡、需求管理等逐渐成为经济学的主流。20 世纪 40 年代，以计算机和信息技术推动的第三次产业革命开始兴起，工业经济开始进入信息化的新阶段，经济学理论进入现代经济理论阶段。信息经济学、知识经济学、产业经济学等领域逐渐进入经济学家的研究视野，并开创了一系列的经济学分支学科。20 世纪 90 年代，互联网逐渐普及，网络化催生了诸多新模式和新技术，网络经济学开始成为研究热点；进入 21 世纪，以大数据、人工智能和云计算为代表的数字技术开启了数字经济新时代，以信息化和网络化为基础的经济发展进入智能化新阶段，同时数字经济的基础理论框架正在逐渐成形。

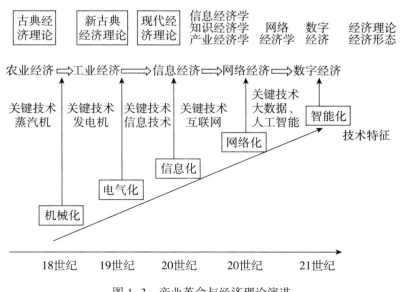

图 1-3　产业革命与经济理论演进

（三）数字技术经济范式

数字技术经济范式使社会发生了本质的变化，对经济产生了重塑作用，带动人类社会从工业经济进入数字经济。

第一，重塑生产方式。数据成为最重要的经济要素，数字信号较模拟信号更加清晰、逼真、成本低，为信息的产生、传输和使用创造更加有利的时间和空间条件，实现人类社会从原子到比特的进阶。

第二，重塑消费模式。数字技术的广泛应用改变着人们的社交方式、娱乐方式、通信方式和工作方式，数字技术的强大整合性，使得社会经济活动依赖数字技术完成。

第三，重塑产业组织方式。一方面，数字技术经济范式催生了新的产业——数字经济的基础产业，即实现了数字经济基础产业化；另一方面，数字技术经济范式改造传统技术和产业，实现产业数字化，带动并释放了传统产业的动能倍增效应。

第四，重塑技术创新模式。新技术即数字技术成为经济的通用技术，具有强烈的渗透性和网络化特征。创新周期不断加快，创新形式不断丰富。

二、数字经济的供给侧特征

（一）数据成为关键生产要素

1. 数据要素的概念

这里我们要区分"大数据"与"数据要素"两个概念的差异。"大数据"具有 4V 的特点：数据量大、种类繁多、时效高和价值低。这些特点就决定了数字经济时代中的数据就像大海一样广阔无垠，且大多难以直接利用。因此，开启数字经济时代的关键点之一，就是如何寻找有价值的数据资源以及如何挖掘其潜在的商业价值。本书提出，数字经济时代将大量的数据经过提取、加工、归纳、提炼之后具有某种应用价值，能够用于指导实践或商业化创新的信息或知识，可以称为"数据要素"。

人类社会进入信息化时代之后，先后经历了信息经济、网络经济和数字经济三个阶段。

伴随着实践的进步，人们对于数据、信息和知识的认识也逐步深化。为了进一步理解"数据要素"这个概念的含义，我们沿用知识经济学中对上述三个概念的解释，并以此为基础引出"数据要素"的概念。

（1）数据、信息和知识

所谓数据，是指一系列非随机的符号组，代表了观察、测量或事实的记录，往往采取文本、声音或图像等形式。数据本身没有意义，但它是信息的原始资料，即数据可以通过有目的性的加工处理成信息。

所谓信息，是指已被处理成某种形式的数据，这种形式对接收者具有意义，并在当前或未来的行动或决策中，具有实际的、可觉察到的价值。

所谓知识，是指人类对物质世界以及精神世界探索结果的综合，是系统化、理论化、科学化和专门化的认知结论。经济合作与发展组织在 1996 年发表的《以信息为基础的经济》报告中提出"3w/h"知识分类体系：①知道是什么（know-What），指关于事实方面的知识；②知道为什么（know-Why），指原理和规律方面的知识；③知道怎么做（know-How），指操作的能力，包括技术、技能、技巧和诀窍等；④知道是谁（know-Who），包括特定关系的形成，以便可能接触有关专家，并有效地利用他们的知识，也就是关于管理的知识和能力。其中，后两种知识被称为"默会知识"（tacit knowledge）或"隐性知识"，因为相比于前两种，它们更难进行编码和测度，默会知识一般通过技巧、诀窍、个人经验、技能等实践渠道获得。知识可以看作构成人类智慧的最根本的因素。

信息与知识在本质上是有区别的。信息能够很容易地被编码和传递，而知识往往比较模糊，难于编码化。知识作为人的认知能力的基础，实质上贯穿于每一个过程，包括把数据序列化、整合、加工成信息，选择吸收有用的信息，或者将信息翻译成有用的知识等，这些都是一个个复杂的认知过程。只有当一个人知道如何使用信息，知道信息的含义、局限性和如何用它来创造价值的时候，才有所谓的新知识。知识与信息之间的关系是互动的，知识的产生依赖于信息，而相关信息的开发又需要知识的应用。应用信息的工具和方法也影响着知识的创造。相同的信息可以转化为不同种类的知识，这取决于分析的类型和目的。

以上四个基本转化过程可以视具体情况组合成简单或复杂的形式，用来详细描述知识（信息）的生产过程，即"数据—信息—知识—创新"过程（见图 1-4）。

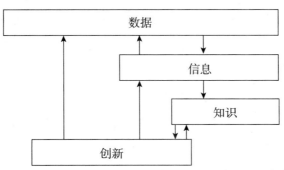

图 1-4　数据、信息、知识和创新的概念解析

（2）大数据与数据要素

我们正处于一个信息大爆炸时代，近几十年来，由互联网、物联网和移动终端所产生的海量数据已经超过了人类之前所产生的数据之和。根据国际数据公司（IDC）提供的数据，2020年全球大数据储量达到44ZB。这些具有碎片化和非结构特征的海量数据并不完全有利用价值，需要对其进行搜集、加工、整理、分析和挖掘。经过处理后的数据便成为数据要素，进而成为重要的资源或产品。

基于上述分析我们认为，从要素的价值属性上来看，将"大数据"本身作为一种新的生产要素是不合理的，应当将"数据要素"作为新的生产要素。二者的区别在于：①大数据是对社会生产、消费或生活的电子化原始记录，由移动互联网或物联网上的各个终端生产出来，总量增长迅速，数据种类繁多，时效性很高，大多不能直接利用，价值密度较低；②当使用一定数字技术在较短时间内对大量电子化数据进行搜集、加工、整理、归纳和提炼以后，形成格式规范相对统一，价值密度相对较高的信息或知识的时候，可以称为"数据要素"。数据要素可以被用来指导某一领域的实践或者用于进行商业化创新。

2. 数据要素是一种高级生产要素

一种观点认为大数据时代数据规模呈指数式增长，其总量将趋近于无穷大，数据生产的边际成本为零或者趋近于零，也就是说数据是非稀缺资源。但实际上，这种观点并不准确，因为混淆了大数据和数据要素这两个概念。实际上，数字经济中人们关注的并不是繁杂无章，没有利用价值的海量数据，而是从海量数据中提取的规律性、启示性或预测性的信息或知识。

生产要素是经济学中的一个基本范畴，是指进行社会生产经营活动时所需要的各种社会资源，是维系国民经济运行及市场主体生产经营过程所必须具备的基本因素。生产要素分为初级生产要素和高级生产要素。初级生产要素是指土地、自然资源、非技术工人等，仅需要继承或者简单的投资就可以获得；高级生产要素包括高技术人才、资本、技术等，需要在人力、资本和技术上先期进行大量和持续地积累才能获得。所谓高级生产要素，是指一个经济体需要经过多年积累才能够实现的、具有更高生产效率的投入要素。一般认为，自然资源和简单劳动力属于低级生产要素，因为其生产或开发并不需要很高的技术水平，容易被其他同类要素所替代，技术进步较慢，边际产出较低。而高级生产要素一般包括资本、高级劳动力、技术、卓越企业家等，其生产或开发需要耗费大量的人力、物力，且需要长期的积累才能实现，具有不易替代性、边际产出较高且容易发生效率改进。当一国的要素禀赋结构从初级要素转向高级要素，就能够建立起竞争优势地位。

数据要素是一种高级的生产要素。随着多年信息化建设的深入推进以及移动互联网的迅猛发展，产生了源源不断的海量数据。特别是智能手机的出现，使得每个消费者都成了重要的数据生产者，而以智能手机为代表的拥有各种传感器的智能终端便是新的数据源。智能手机等设备能够随时随地在需要的时候生成图像、视频、位置、健康等数据，而这些数据在 PC 时代只有靠专用设备才能生成。这样海量而杂乱无章的数据需要在很短的时间内搜集、整理、加工和利用，甚至创新，这需要耗费大量的高级人力要素和资本要素。不同类型的数据要素可能有所差异，专用性较强的数据要素边际生产成本可能相对较高；而通用性较强的数据要素初始成本相对较高，而边际成本则相对较低。同时，数据要素的供给并不是无限的，受高级人力要素的制约，大数据中蕴含的信息和知识的挖掘工作仍然是有限的，而这也造成了目前诸多行业对大数据领域高级人才的需求非常旺盛，"知识付费"也逐渐成为网络主流。

值得注意的是，通过技术革命所带来的信息流动和处理方式的根本变化，在信息的传递与处理方面极大地降低了成本且提高了效率，使得人类历史性地在极大程度上克服了信息传递与处理能力资源的稀缺性限制，同时也使得这种资源稀缺性更集中地体现在人类自身的有限理性层面。

（二）数据要素的使用价值

数字经济通过以下四种路径对经济发展产生影响：第一，数据要素作为一种高级生产要素，具备生产性和稀缺性两个特征，当其进入生产函数之后，通过改变资本和劳动的投入结构实现成本节约，从而提升企业的产出效率；第二，信息不对称会对经济效率和竞争产生负面影响，数据要素通过降低搜寻成本缓解不完全信息问题；第三，数字产品的成本结构决定了其具有显著的规模经济特征，随着数字企业从初创期进入扩张期，对规模经济的追求将重塑企业竞争格局和产业组织形态；第四，与传统时代相比，数字技术创新周期加快，一方面通过技术创新提升了全要素生产率，另一方面通过刺激多样化、个性化的需求提升了消费水平。

1. 数据要素能够缓解不完全信息问题

受限于工业时代网络空间的发展程度，经济行为主体对经济系统内各类信息的搜集、整合、分类、加工和处理的能力相对有限。在数字经济时代，大数据、云计算和人工智能技术的发展大大拓展了经济行为主体获取信息的能力。一个基本的观点是线上搜寻成本低于线下搜寻成本，这是因为线上更容易搜寻和比较潜在的交易信息。数字技术带来了搜寻成本降低对价格及价格离散度、产品种类、市场匹配、平台商业和组织结构的影响。

数据的产生源自网络空间对自然和社会空间内各种关系的映射。在工业化时代，受信息技术水平的制约，网络空间和自然空间的映射关系相对松散。在数字经济条件下，通过机器学习和数据挖掘等手段，经济行为主体不仅能够获取正在发生事件的数据，其在一定程度上还能对将要发生的事件进行预测。同时，经济行为主体可获得数据的维度也在不断丰富，不仅包含数字化数据，还包含大量非数字化数据（图片、图书、图纸、视频、声音、指纹、影像等）。总之，网络空间的发展和相应技术手段的进步在一定程度上消除了经济系统内信息的不完全性，使生产和服务的供求信息更加精确化，从而为网络化和生态化的创新组织方式变革奠定了基础。

在新古典经济学的分析中，一般假定决策者拥有完全信息，并由此做出生产或消费决策。但现实生活并非如此，决策者在进行任何决策的时候都面临着不完全信息的困境，以及由此带来的决策结果不确定性。在数字经济出现之前，商业和金融决策者通常使用"满意和经验法则"进行决策；而随着数字技术的创新和应用，信息的匹配更为有效，虽然不可能完全消除不完全信息问题，但能够在一定程度上缓解这种困境。数据要素缓解信息不完全问题表现为以下两个方面。

（1）更有效地匹配消费者与供应商

在推销阶段，消费者数据库有利于精准定位目标群体和选择适宜广告模式。目前，大数据和云计算已经在部分具有相当实力的公司里发挥作用，如推荐系统、预测产品需求和价值等。企业同时可以访问消费者日常操作所形成的数据库，然后检查其有效性。虽然这还没有真正在实践中广泛推广，但依然为企业直接营销到下一个层次提供了机会，大大缩小了潜在消费者的范围，使企业行为变得有利可图。同时，当消费者在查询信息或是浏览网站视频时，在主页面周边或是狭窄的缝隙里自动弹出消费者近段时间曾经搜索的相关信息的增值业务。例如，你曾经搜索过某一本书，则会有各种购书网站弹出广告以及相关的书籍信息。

在生产阶段，定制化服务有利于企业根据消费者偏好进行个性化生产。例如，通信业务的流量及通话套餐的选择，运营商不再强制消费者开通或购买所有业务，而是消费者根据自己的喜好和实际需求来选择定制业务，新的定价模式变得透明并能自由搭配，使得消费者满意度有所提高，运营商的竞争力也有所提升。企业与客户及合作伙伴在行业之间进行意见交换在极大程度上使消费者与供应商更加匹配。

在售后阶段，数字化资源库为供应商和消费者提供了有效的正反馈渠道。消费者可以很容易地通过点击鼠标或点击触摸屏访问海量信息和选择供应商，从而不再被迫支付他们不希望或者不需要的产品或服务，同时可以随时随地与其他消费者进行体验分享，供应商则可以通过跟踪消费者的体验通过返现、退换货等手段减少客户对产品的抵制情绪。

（2）更有效地匹配工作岗位

目前，对优秀人才的需求竞争非常激烈，人才对于企业的价值体现在劳务输出、创新能力以及人才吸引等方面。在发达国家，人才创造了绝大部分的价值。随着我国经济转型和产业升级，可以预料到人才的需求竞争将会愈加激烈。但随着互联网化程度的加深，信息资源可获取性提高，企业员工流动性明显加快，员工的平均在职年限不断下降。

在互联网时代，人才和雇主的关系悄然发生变化，雇主和员工之间从商业交易转变为互惠关系。员工对企业的诉求不仅仅停留在薪资水平这一单一指标，这就需要通过科学的人力资源分析，让企业找到"猎取、培养和留住人才"的解决方案。现在已经出现专业公司和专业软件使用数据处理技术进行企业人力资源管理，主要应用包括人员招聘、培训管理、绩效管理和薪酬管理四个方面。但就整个行业而言，大数据人力资源管理尚处于行业探索期。

2. 数据要素的低复制成本决定了规模经济属性

由于数据要素是以比特形式存在并在互联网终端设备上存储和传播的，一件数字产品被生产出来后，便可以通过低成本或零成本复制而无限供给。这一特征决定了数字产品在消费中具有非竞争性，即不同的消费者可以同时使用该产品而相互不受影响。不同消费者可以突破时空的限制使用同一产品的前提是，该产品是在互联网上生产、消费的。例如，由腾讯开发运营的《王者荣耀》游戏，最高同时在线人数达数百万，这些玩家玩的是同一种数字产品，互不影响。

一般认为，数字产品边际成本为零，但边际成本为零的简易微观经济模型与边际成本为正的模型并无太大的不同。数字产品与非数字产品最关键的区别是非竞争性，这意味着个体消费数字产品并不会减少其他人消费该产品的数量或质量，因为信息的分享并不会减少或损害初始信息。特别是在没有法律或技术限制排他性的情况下，任何人都能以零成本复制任何信息。

数字产品成本特征是研究与开发成本高、生产制造成本低，即高沉淀成本、低边际成本。

数字产品多是知识、科技密集型产品，开发过程符合高科技产品的高投资、高风险的特点。如耗资上亿美元的好莱坞巨片只需几分钟就可以拷贝到硬盘上，并且复制成本极低（几乎为零），这也说明数字产品的固定成本很高，但变动成本却很低。而且数字产品的固定成本大多属于沉没成本，若停止生产，前期投入的人力、物力、财力等固定成本将无法收回，不像传统产品那样，停止生产后可以通过折旧等方式挽回部分成本。比如投资兴建一幢办公楼，若中途决定放弃的话，可将其转卖出去收回部分成本；但如果正在拍的一部电影突然停下来，可能根本卖不出去电影脚本，自然不可能收回本钱。数字产品的可变成本，也有不同于传统产品的独特性。譬如，如果市场上对英特尔的 CPU 需求增加，而且超出了英特尔的生产能力，这时，为了满足更大的需求和获取更多的利润，英特尔就需要组织各种资源建立新的工厂，即当传统商品制造商达到其现有的生产能力时，生产的边际成本将增加。与此相反，数字产品的生产没有容量限制，即无论生产多少个副本，其成本也不会增加。以数字内容产业为例，中国的数字内容产业起步较晚，但经过几年的高速发展已经初具规模，初步形成了以移动内容服务为主，动漫、网络游戏、数字视听、在线学习和数字出版等快速发展的产业格局。目前，中国国民经济分类中还没有单独划分出数字内容产业，其相关内容分散在"电信和其他信息传输服务业、新闻出版业、广播、电视、电影和音像业、文化艺术业"等相关行业中。数字内容产品可以很容易地进行复制和传播，这就导致更多的用户可以通过比较低廉的成本获取产品，规模经济非常明显。

数字产品的成本特征决定其必然存在规模报酬递增效应（见图1-5）。当产量 Q>1 时，其边际成本 MC 极低，因而可以忽略可变成本，仅考虑固定成本。假设生产的固定成本为 FC，则平均成本 AC 函数为 AC=FC/Q。可以看出，数字产品的产量越高，平均成本越低，不存在最优的生产规模。因而，数字产品的生产存在规模报酬递增现象。

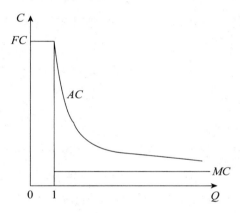

图1-5　数字产品的规模报酬递增效应

3. 数据要素的知识密集型特征有利于刺激创新

数据要素可被看作是一种知识密集型的产品，它可作为投入并以创新的形式增加产出。创新涉及的是新的活动，但对信息的应用具有很强的不确定性。创新最初都发生于个人的大脑之中，依赖的是对信息的综合和解释，使其符合现有的认知世界。所有解决问题的活动都是用认知模式来评估什么信息是有价值的，都以有用的方式来组织信息。理解和整理新信息的过程要求我们将新信息转化成与个人有关的东西。作为一个既是认知性也是社会性的过程，创新需要知识、信息以及认知模式之间进行复杂的互动，在一个设想发展成为一种创新的过程中不断探讨、澄清和重新构思。

数据要素在产生的同时，一方面满足了消费者的消费需求，另一方面也催生了更多产品和服务的出现。位于生产端的数据从主要用于记录和查看，逐渐成为流程优化、工艺优化的重要依据，进而在产品设计、服务交付等各个方面发挥着愈发重要的作用。对智能产品和服务而言，从供应链到智能制造再到最终交付用户，所有环节都可以基于数据分析的结果实现价值链整合和系统优化的目的。从企业的角度来看，以数据流引领技术流、物流、资金流和人才流，将深刻影响社会分工协作的组织模式，促进生产组织方式的集约和创新。大数据的发展推动社会生产要素的网络化共享、集约化整合、协作化开发和高效化利用，改变了传统的生产方式和经济运行机制。大数据持续激发商业模式创新，不断催生新业态，已成为互联网等新兴领域促进业务创新增值、提升企业核心价值的重要驱动力。

三、数字经济下供给与需求的互动机制

（一）数字经济时代生产与消费的同一性

"消费与生产之间的同一性"命题，是马克思在他为《资本论》创作而准备的《〈政治经济学批判〉导言》中第一次提出来的。在《〈政治经济学批判〉导言》的开篇，马克思首先讨论了"生产、消费、分配、交换"，把消费摆在了生产的后面。他写道："生产表现为起点，消费表现为终点，分配和交换表现为中间环节"，"消费这个不仅被看成终点而且被看成最后目的的结束行为，除了它又会反过来作用于起点并重新引起整个过程之外，本来不属于经济学的范围"。这清楚地表明了三个要点：①消费是生产的最终目的；②消费是社会生产的终点和社会再生产的起点；③作为社会生产和再生产环节的消费，是经济学所必须予以讨论的。

虽然上述观点是在工业时代提出来的，但"生产与消费同一性"的观点在数字经济中仍然具有极强的生命力，具体包括以下几点：

1. 数字消费是数字生产中创新的动力来源

"消费与生产的同一性"说明，消费为生产创造了内在的对象、目的的需要。经济现实中，有的产业、产品因为消费萎缩而萎缩，或因消费的推动而出现、成长和兴盛。一个国家、一个地区的产业结构和产品结构会随着社会消费趋势的变化而变化，消费引领产业创新。

个人消费者希望能够更加快速精准地找到自己需要的商品，大数据精准营销便产生了；企业需要能够更加快速地筛选出能干、忠诚、合适的员工，大数据人力资源管理便应运而生；老百姓出行希望能够提早了解前方的各种路况并提前做好路线计划，智慧交通系统出现了并不断完善；当数据量越来越大而超过了一般企业的储存和处理能力的时候，云计算便诞生了。不仅如此，在数字经济时代，新产品的创新周期和生命周期都大大缩短，各种类型的创新层出不穷，但无论哪一种，都是为了更加有效地解决某种消费需求的

问题。

2. 数字消费和数字生产相互渗透

数字经济时代，数字消费和数字生产呈现"你中有我，我中有你"的关系。一方面，数字生产要从市场的数字消费需求出发。大数据时代中数字的生产大体分为两个阶段：大数据的生产阶段和数据要素的生产和应用阶段。在第一阶段，大量社会主体的行为信息被记录下来，这些大数据本身并没有什么价值；在第二阶段，数据要素的生产主体会根据社会需求对大数据进行搜集、筛选、处理和加工形成数据要素，再加以应用或创新之后形成数字产品。这些数字产品的生产以消费为目的，并通过消费才得以实现价值。

另一方面，消费者在消费的过程中也在生产着大量的数据。目前的信息技术条件下，无数的终端正在时时刻刻生成着海量的数据，包括移动互联网终端、物联网终端以及传统的 PC 端等，这些终端背后对应着某一个自然人或者机构、物体，它们的行为随时随地被记录并形成数据。这对应着数字经济生产的第一个阶段，也为数字经济生产的第二个阶段以及最终数字产品的形成提供了最基本的数据来源。

3. 消费和生产的良性互动推动数字经济快速扩张

马克思的研究表明，生产与消费之间存在着矛盾。市场经济条件下，生产与消费的矛盾的主要方面在于生产。在传统经济时期，企业不断扩大规模生产更多标准化产品的做法无法满足消费者日益增长的对个性化、差异化产品的需求。进入数字经济时代，借助于高速运转的网络和数据处理系统，定制化生产逐渐成为主流，这一方面满足了消费者对个性化、差异化产品的需求，另一方面也能够使企业实现规模化运营，获得更高的利润。不仅如此，结合梅特卡夫法则可知，随着用户规模的增长，企业生产的数字产品价值将以指数形式增长，而产品数量和种类的增多又会反过来刺激消费需求，这种螺旋式的上升必将推动数字经济呈现出快速扩张的态势。

数字经济的特征之一就是平台化，生产者和消费者在互联网平台上进行价值互动。基于双边市场理论，平台中的消费者和生产者均能从对方数量和质量的增加中获益。这一效应被称为"交叉网络效应"。首先，平台化企业通过提供平台将消费者和其他生产者引入平台，实现用户价值的自我增值，平台提供者收取服务费。其次，平台具有部分市场特性，在平台内的生产者和消费者之间的协商成本并不需要由平台企业承担，降低了平台企业的管理成本和销售成本。最后，平台化企业在提供平台的同时，获取了大量关于生产者和消费者的数据，这些数据通过数字技术的挖掘处理，能够优化企业自身产品设计，最终提供更有竞争力的产品。

（二）网络正反馈与马太效应

马太效应可归纳为：任何个体、群体或地区，一旦在某个方面（如金钱、名誉、地位等）获得成功和进步，就会产生一种积累优势，就会有更多的机会取得更大的成功和进步。在网络经济中，共享程度越高，拥有的用户群体越大，其价值就越能得到最大程度的体现。网络的正外部性会产生正反馈，而正反馈使强者更强、弱者更弱，在最极端的情形下，正反馈可以导致赢家通吃的垄断市场，这就是所谓的马太效应。

信息化活动中优劣势强烈反差的马太效应，即正反馈效应（见图1-6），是指在信息活动中由于人们的心理反应和行为惯性，在一定条件下，优势或劣势一旦出现，就会不断加剧而自行强化，出现滚动的累积效果。因此，某个时间内往往会出现强者恒强、弱者恒弱的局面，甚至发生强者通赢、胜者通吃的现象。这种效应的产生是源于梅特卡夫定律，当其发展到极端情况下就会出现马太效应。马太效应的结果通常会导致数字产品的生产者市场出现寡头垄断或完全垄断的市场结构。

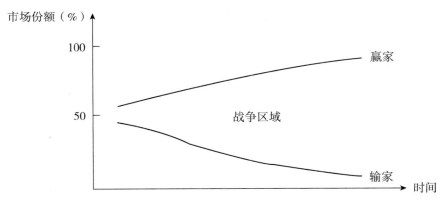

图1-6　网络正反馈效应

尽管网络外部性是网络经济中正反馈的主要原因，但网络外部性和正反馈是两个概念。首先，正反馈并不是一个网络经济下出现的新事物。事实上，在传统经济下，供给方规模经济所实现的收益递增也是正反馈的一种表现形式，但是由于基于供给方规模经济的正反馈具有自然限制（即边际收益递减和管理大组织的困难），使得基于制造业的传统规模经济通常在远远低于控制市场的水平就耗尽了，超过这一点正反馈就不再存在，而是负反馈开始起主导作用，这种经济现实使得正反馈一直没有引起人们的关注。但是当人类社会发展到信息经济和网络经济时代，网络外部性广泛存在，基于市场需求方的规模经济在市场足够大的时候不会产生分散，再加上基于供给方的规模经济，导致在网络经济中，正反馈以一种更新的、更强烈的形式出现。其次，从网络外部性到正反馈，还需要其他的一些条件，如基于供给方的规模经济同样对网络正反馈的形成起着重要的作用。

首先，需要成本优势。由于实现正反馈的前提条件是边际收益递增，这不仅需要网络外部性带来的需求方规模经济，还需要边际成本的降低，否则需求方规模经济带来的收益递增将可能被成本因素所抵消，导致规模经济不显著或不存在，从而无法实现正反馈过程。而数字产品正好具有特殊的成本结构：高固定成本，低边际成本。如微软公司的 Windows 95，设计十分复杂，而且需要巨额研究与开发的成本，第一张盘片花费了 2.5 亿美元，但是第二张、第三张的成本却仅仅需要几美分。而且在这一产品的生命周期中生产得越多，单位产品的平均成本也就越低。这意味着在这样的成本优势下，需求方规模经济不容易出现自然限制的问题，而可以实现正反馈过程。这正是网络经济中正反馈现象广泛存在的重要原因之一。

其次，网络外部性要引发正反馈过程，必须达到一定的规模，就是我们通常所说的临界容量。网络外部性告诉我们，大网络的价值大于小网络的价值，但是，只有当网络达到某一个特定的规模，正反馈才开始发挥作用，从而实现强者恒强、弱者恒弱，否则依然无法实现正反馈。与网络规模相关的一个问题是市场对产品需求的多样性。即使在一个网络外部性很强，需求方规模经济程度很高的市场中，如果市场消费者对产品的需求是多样化的，这意味着一种产品可能难以达到引发正反馈的网络规模；相反，如果市场中产品的多样化程度较低，网络外部性引发正反馈的可能性就大些。

（三）路径依赖与转移成本

1. 路径依赖

路径依赖是从其他学科"溢出"到经济学中的一个概念。在经济学中，经济学家们用路径依赖来表示即使在一个以资源抉择和个人利益最大化行为为特征的世界中，经济发展过程中的一个次要的或暂时的优势或是一个看似不相干的事件都可能对最终的市场资源配置产生重要而不可逆转的影响。路径依赖隐含两个重要特征：其一，历史的重要性。在经济学和其他的社会科学中，科学家们一直都承认历史是十分重要的。但是，对历史重要性的承认本身并不是路径依赖，而仅仅是路径依赖的前提条件之一。路径依赖所强调的一个观点是：我们目前的经济环境可能在很大的程度上依赖于历史上的一些突然转折和偶发事件，即对这些事件的依赖性很可能是以一种非常任意的形式进行的。我们从历史所继承下来的现在或我们将建设的将来都可能不是来自那些重要的已知事物或是经济历史的不可避免的推动力量——而是可能来自那些如果我们意识到他们将会产生怎样的影响，我们就可能轻易改变的小事物。也就是说，当历史上的一些令人意想不到的事件以一种令人意想不到的方式影响、决定并控制了历史的发展时，就产生了路径依赖。其二，不可逆转的选择。很显然，如果路径的选择是可以很轻易地发生改变，那么就不称其为"路径依赖"

了。因此，在经济学关于路径依赖的讨论中，都或明示或暗示地与选择的不可逆转相互联系。实际上，这里的不可逆转就是我们所讨论的"锁定"。因此，路径依赖概念的一个关键判定就是具有"被历史事件锁定"的特征，尤其当这些历史事件并不重要时，路径依赖的特点就更为显著。

2. 转移成本

锁定是指由于各种原因，导致从一个系统（可能是一种技术、产品或是标准）转换到另一个系统的转移成本高到转移不经济，从而使得经济系统达到某个状态之后就很难退出，系统逐渐适应和强化这种状态，从而形成一种"选择优势"把系统锁定在这个均衡状态。要使系统从这个状态退出，转移到新的均衡状态，就要看系统的转移成本是否能够小于转移收益。

转移成本显然是和锁定相联系的一个概念。转移成本实际上是对路径依赖程度和锁定程度的衡量。当产品和技术的标准化还不健全的时候（或者说系统之间不兼容），消费者和厂商如果自愿从一个网络转移到另一个网络，他们将不得不面临诸多障碍，正是转移成本造成了这种障碍，它阻止了市场主体进入另一个网络。转移成本具体来说可分为两类，即私人和社会转移成本。私人转移成本，包括在最初采用的技术中所含的沉没投资、转向用新网络所需要的支出。社会转移成本则需要把市场主体当前正在享有的网络效应与预期从转移中可以获得的潜在的网络效应进行对比。转移成本把不对称的价格强加于具有沉没投资的用户和在现有技术中没有沉没投资的用户之间。当转移成本高于收益时，转移是不经济的，这时就将出现对现有系统的锁定和路径依赖。

在网络经济中，锁定和转移成本是"规律，而不是例外"。有关锁定的例子随处可见，比如，当一个 DOS 用户考虑转而使用另外一种操作系统时，则该用户必须考虑以下问题：应用于新操作系统中的软件的多样性及有效性，转化文件、工作表格和数据库格式将产生多大的影响等诸如此类的问题。所以一旦用户选中用某种技术或格式存储信息，转移成本将会非常高。我们中的大部分人都体验过从一种电脑软件转移到另一种电脑软件的代价：数据文件很可能不能完好地转换，出现与其他工具的不兼容。与之相类似，一家选择了思科系统公司技术和结构以满足其内部联网需要的大企业将会发现，更换一个不兼容系统的成本高得惊人，因而在相当程度上被锁定在思科的私人产品中。从原则上讲，锁定的情况对供应商是有利的，如果供应商成功地用自己的系统结构抓住了用户，他们将在未来的购买中赢得垄断地位。尽管如此，当供应者滥用垄断地位，长期地"锁定"用户时，会引起用户的极大不满，有时甚至使用户不顾成本转向其他系统。

网络外部性及转移成本的存在，使用户容易被锁定在某种产品的路径依赖中，这种产品也因此可以独享某种垄断地位，更为重要的一点是，路径依赖告诉我们该种产品也许仅仅是因为偶然的原因才如此幸运地进入了这种正反馈循环，而并不是靠其质量取胜。而一旦进入了垄断的正反馈机制，其他的产品即使质量再好、价格再合理，也难以与之抗衡。一直到被具有高期望值的新技术威胁时垄断才会被打破，这时重新开始新一轮的市场竞争。网络经济的这种"市场失灵"效应是由网络产品本身的技术特性所决定的。

第四节　发展数字经济的意义及优势

一、发展数字经济的意义

数字经济的迅猛发展深刻地改变了人们生活、工作和学习的方式，并在传统媒体、商务、公共关系、娱乐等众多领域引发深刻变革。发展数字经济已成为信息时代的最强音，对我国而言更具有特殊意义。

（一）全球经历数字经济变革

以计算机、网络和通信等为代表的现代信息革命催生了数字经济。数字经济虽然并没有产生任何有形产品，但它可以完成辅助设计、跟踪库存、完成销售、执行信贷、控制设备、飞机导航、远程诊治等工作。

1. 数字经济加速经济全球化步伐

数字经济的出现，对人类社会来说是一场划时代的全球性变革，推动人类更深层次地跨入经济全球化时代。比如，数字网络的发展，使全球化不再局限于商品和生产要素的跨国流动，而是从时空角度改变了世界市场和国际分工的格局；数字经济的出现拓展了贸易空间，缩短了贸易的距离和时间，使全球贸易规模远远超越了以往任何一个时期。

凭借数字网络技术的支持，跨国公司远程管理成本大幅度地下降，企业活动范围更加全球化。美国《财富》杂志在分析了全球最大 500 家跨国公司排名变化后认为："全球化色彩越浓，大公司利润越高。""一个更大、更富裕的世界"将随着全球化大发展而出现。因此，数字经济加速了信息、商品与要素的全球流动，推动经济全球化进入一个新的发展阶段。

2. 数字经济软化全球产业结构

数字经济时代，数字网络技术的创新及广泛应用使全球产业结构更加知识化、高科技化。知识和技术等"软要素"正在取代资本和劳动力成为决定产业结构竞争力的重要因素。全球产业结构软化趋势愈加明显。一是出现了知识驱动的经济发展模式。新一代信息技术蓬勃发展，跨国 ICT 企业加速市场扩张与产品创新步伐，世界各国都在大力发展信息技术产业，实现知识驱动的经济发展模式。二是传统产业加强了与信息产业的联系。计算机与数字技术能带来高效的生产效率，因此，传统产业不断加强与信息产业的前向联系和后向联系，以便拥有更强的产业竞争力和创造更高的产业附加值。三是新型服务业方兴未艾。由于信息技术的普及和创新，计算机和软件服务、互联网信息等新兴服务业的迅速崛起，知识化、信息化、智能化正在成为全球服务业未来发展的新方向。

3. 新的数字技术助推数字经济以及社会发展

移动技术、云计算、物联网和大数据分析，是当今数字经济中重要的技术趋势。总的来说，就是"智能一切"，即网络和数字化连接家庭、医疗、交通和能源，甚至政府管理和社会治理等。这些新应用依赖于固定和无线宽带网络，以及在互联网上连接的设备，以满足不断增长的经济和社会需求。

4. 移动宽带应用加速数字产品普及

互联网普及率的提高，极大地受益于移动基础设施的发展和资费的下降。在许多新兴和欠发达国家，移动宽带连接的广泛提供，使得这些经济体的互联网接入量大幅增加、宽带速度不断提升。移动宽带质量的提升和 Wi-Fi 的大规模普及，使移动设备扩大了应用规模，影响了数以亿计用户的工作和生活。

（二）数字经济成为新常态下我国经济发展的新动能

数字经济代表着新生产力的发展方向，对我国而言更是具有特殊意义。互联网、云计算、大数据等数字经济技术本身，就是新常态下供给侧结构性改革要培育和发展的主攻方向。数字化将发掘新的生产要素和经济增长点，加速传统行业转型。

1. 新常态需要新动能

我国经济在经历了近 40 年的高速增长之后，开始进入一个增速放缓、结构升级、动力转换的新阶段，这一阶段也被称为经济发展新常态。认识、适应和引领新常态已被确定为指导我国经济发展的大逻辑。新常态下经济发展所面临的最大风险是掉入"中等收入陷阱"，而找准并利用好新动能就成为了推动经济转型发展，跨越"中等收入陷阱"的关键。

2. 信息革命带来了大机遇

经济发展的新动能在哪里？这本来是一个大难题，曾让很多国家困扰了很多年。但现在不同了，因为人类经历了农业革命、工业革命，现在正在经历信息革命——正是信息革命为我国顺利跨越"中等收入陷阱"提供了前所未有的历史性机遇。从社会发展史看，每一次产业技术革命都会带来社会生产力的大飞跃。农业革命增强了人类生存能力，使人类从采集捕猎走向栽种畜养，从野蛮时代走向文明社会；工业革命拓展了人类体力，大规模工厂化生产取代了家庭作坊手工生产，彻底改变了工业生产能力不足、产品供给不足的局面；而信息革命则增强了人类脑力，数字化工具、数字化生产、数字化产品成就了数字经济，也促成了数字化生存与发展。以数字化、网络化、智能化为特征的信息革命催生了数字经济，也为经济发展提供了新动能。

3. 数字经济的动能正在释放

数字经济不仅有助于解放旧的生产力，还能够创造新的生产力。数字技术正广泛应用于现代经济活动中，提高了经济效率，促进了经济结构加速转变，逐步成为全球经济复苏的重要驱动力。近年来，云计算、物联网、移动互联网、大数据、智能机器人、3D 打印、无人驾驶、虚拟现实等信息技术及其创新应用层出不穷、日新月异，并不断地催生出一大批新产业、新业态、新模式。更为重要的是，这一变化才刚刚开始。凯文·凯利一直在提醒我们，真正的变化还没有到来，真正伟大的产品还没有出现，"今天才是第一天"。甚至也有专家断言，人类现在的信息处理能力还只是相当于工业革命的蒸汽机时代。

4. 发展数字经济成为我国的战略选择

面对数字经济发展大潮，许多国家都提出了自己的发展战略，如美国的工业互联网、德国的工业 4.0、日本的综合创新战略、欧盟和英国的数字经济战略等。我国政府立足于本国国情和发展阶段，正在实施"网络强国"战略，大力推进"数字中国"建设，大力推行相关规划中有关数字经济的发展战略。

（三）数字经济是引领国家创新战略实施的重要力量

发展数字经济对我国的转型发展，以及实现中华民族伟大复兴的中国梦具有重要的现实意义和特别推动作用，对贯彻落实新的发展理念、培育新经济增长点、以创新驱动推进供给侧改革、建设网络强国、构建信息时代国家新优势等都将会产生深远的影响。

1. 发展数字经济是贯彻新发展理念的集中体现

数字经济本身就是新技术革命的产物，是一种新的经济形态、新的资源配置方式和新的发展理念，集中体现了创新的内在要求。我国发展数字经济，是贯彻"创新、协调、绿色、开放、共享"新发展理念的集中体现。首先，数字经济减少了信息流动障碍，加速了资源要素流动，提高了供需匹配效率，有助于实现经济与社会、物质与精神、城乡之间、区域之间的协调发展。其次，数字经济能够极大地提升资源的利用率，是绿色发展的最佳体现。最后，数字经济的最大特点是基于互联网，而互联网的特性是开放共享。数字经济为落后地区、低收入人群创造了更多的参与经济活动、共享发展成果的机会。

2. 发展数字经济是推进供给侧结构性改革的重要抓手

以新一代信息技术与制造技术深度融合为特征的智能制造模式，正在引发新一轮制造业变革，数字化、虚拟化、智能化技术将贯穿产品的全生命周期，柔性化、网络化、个性化生产将成为制造模式的新趋势，全球化、服务化、平台化将成为产业组织的新方式。数字经济也在引领农业现代化、数字农业、智慧农业等农业发展新模式，即数字经济在农业领域的实现与应用。在服务业领域，数字经济的影响与作用也已经得到了较好地体现，电子商务、互联网金融、网络教育、远程医疗、网约车、在线娱乐等的出现已经使人们的生产生活发生了极大改变。

3. 贯彻落实创新驱动发展战略，推动"大众创业、万众创新"的最佳试验场

现阶段，数字经济最能体现信息技术创新、商业模式创新以及制度创新的要求。数字经济的发展孕育了一大批极具发展潜力的互联网企业，并成为激发创新创业的驱动力量。众创、众包、众扶、众筹等共享经济模式本身就是数字经济的重要组成部分。

4. 数字经济是构建信息时代国家竞争新优势的重要先导力量

数字经济的发展在信息革命引发的世界经济版图重构过程中，将起到至关重要的作用。信息时代的核心竞争力将越来越表现为一个国家或地区的数字能力、信息能力、网络能力。实践表明，我国发展数字经济有着自身独特的优势和有利条件，起步很快，势头良好，已在多数领域形成与先行国家同台竞争、同步领跑的局面，未来将在更多的领域发挥出领先发展的巨大潜力。

二、发展数字经济的优势

我国数字经济的不俗表现得益于全球信息革命提供的历史性机遇，得益于新常态下寻求经济增长新动能的强大内生动力，更得益于自身拥有的独特优势。我国发展数字经济的独特优势突出表现在三个方面：网民优势、后发优势和制度优势。

（一）网民优势孕育了我国数字经济的巨大潜能

就像我国经济社会快速发展一样，我国网民规模和信息技术发展速度也令人目眩。这促进了世界上最生机勃勃的数字经济的发展。

1. 网民红利日渐显现，使得数字经济体量巨大

近几年来，我国人口发展出现了拐点，即劳动力人口连续下降，人口老龄化程度加

深，使得支持我国经济发展的人口红利在逐渐丧失。但我国的网民规模却逐年攀升，互联网普及率稳健增长，网民红利开始显现。自 2008 年起我国成为名副其实的第一网民大国。正是有了如此庞大的网民数量，才造就了我国数字经济的巨大体量和发展潜力。这就不难理解，为什么一个基于互联网的应用很快就能达到上千万、上亿甚至数亿人的用户规模，为什么只有几个人的互联网企业短短几年就可以成为耀眼的"独角兽"企业，甚至在全球达到领先水平。我国互联网企业在全球的出色表现，表明我国已经成功实现从人口红利向网民红利的转变。

2. 信息技术赋能效应显现，使得数字经济空间无限

近年来，信息基础设施和信息产品迅速普及，信息技术的赋能效应逐步显现，为数字经济带来了无限创新空间。以互联网为基础的数字经济，解决了信息不对称的问题，使得不发达地区的人们和弱势群体可以通过互联网、电子商务了解市场信息，学习新技术新知识，实现创新创业，获得全新的上升通道。基于互联网的共享经济还可以将海量的碎片化闲置资源（如土地、房屋、产品、劳动力、知识、时间、设备、生产能力等）整合起来，满足多样化、个性化的社会需求，使得全社会的资源配置能力和效率得到大幅提升。当每一个网民的消费能力、供给能力、创新能力都进一步提升并发挥作用时，数字经济将迎来真正的春天。

3. 应用创新驱动，使得网民优势有效发挥

当前，数字经济发展已从技术创新驱动向应用创新驱动转变，我国的网民优势就显得格外重要。庞大的网民基数，使得我国数字经济在众多领域都可以轻易在全球排名中拔得头筹，如百度、阿里巴巴、腾讯、京东跻身全球互联网企业市值排行榜前 10 位，有足够的经验供互联网创业公司借鉴。小猪短租、名医主刀等一批共享型企业也在迅速崛起，领先企业的成功为数字经济全面发展提供了强大的示范效应。

（二）后发优势为数字经济提供了跨越式发展的特殊机遇

信息技术创新具有跳跃式发展的特点，为我国数字经济的跨越式发展提供了机会。

1. 信息基础设施建设实现了跨越式发展

电话网铜线还没有铺设好就迎来了光纤通信时代，固定电话还没有普及就迎来了移动通信时代，固定宽带尚未普及就直接进入了全民移动互联网时代。目前，我国信息基础设施基本建成，实现了全球最大规模的宽带通信网络，网络能力得到持续提升，全光网城市由点及面全面推开。

2. 信息技术应用正在经历跨越式发展

我国数字经济的发展是在工业化任务没有完成的基础上开始的，尚不成熟的工业化降低了数字经济发展的路径依赖与制度锁定。工业化积累的矛盾和问题若用工业化的办法去解决，便十分困难也费时较长，但有了信息革命和数字经济就不一样了。工业化的诸多痛点遇到数字经济就有了药到病除的妙方，甚至可以点石成金、化腐朽为神奇。而我国的网络购物、网约租车、分享式医疗等很多领域能够实现快速发展，甚至领先于许多发达国家，在很大程度上也是由于这些领域的工业化任务还没有完成，矛盾突出痛点多，迫切需要数字经济发展提供新的解决方案。在制造业领域，工业机器人、3D 打印机等新装备、新技术在以长三角、珠三角等为主的中国制造业核心区域的应用明显加快，大数据、云计算、物联网等新的配套技术和生产方式开始得到大规模应用。多数企业还没有达到工业2.0、工业 3.0 水平就迎来了以智能制造为核心的工业 4.0 时代。可以说，数字经济为我国加速完成工业化任务、实现"弯道超车"创造了条件。经过多年努力，我国在芯片设计、移动通信、高性能计算等领域取得重大突破，部分领域实现全球领先，如华为、联想、中兴、腾讯、阿里巴巴、百度等企业在全球的地位稳步提高。

3. 农村现代化跨越式发展趋势明显

因为互联网，许多原本落后的农村彻底改变了面貌。农村电商的快速发展和"淘宝村"的崛起，吸引了大量的农民和大学生返乡创业，人口的回流与聚集也拉动了农村生活服务水平的提升和改善，释放的数字红利也为当地发展提供了内生动力。现在，网购网销在越来越多的农村地区成为家常便饭，网上学习、手机订票、远程医疗服务纷至沓来，农民开始享受到前所未有的实惠和便利。正是因为有了数字经济的发展，许多农村地区从农业文明一步跨入信息文明，农民的期盼也从"楼上楼下，电灯电话"变成了"屋里屋外，用上宽带"。

4. 信息社会发展水平相对落后，为数字经济发展预留了巨大空间

信息社会发展转型期也是信息技术产品及其创新应用的加速扩张期，为数字经济大发展预留了广阔的空间。目前，我国电脑普及率、互联网普及率、宽带普及率、智能手机普及率、人均上网时长等都还处于全球中位水平，发展空间巨大，未来几年仍将保持较快增长。

（三）制度优势为数字经济发展提供了强有力的保障

我国发展数字经济的制度优势在于强有力的政治保障、战略规划、政策体系、统筹协调和组织动员。这为数字经济的发展创造了适宜的政策环境，带动了整个经济社会向数字

经济转变。

1. 组织领导体系基本健全为数字经济发展提供了政治保障

2014 年中央网络安全和信息化领导小组的成立标志着我国信息化建设真正上升到了"一把手工程"，信息化领导体制也随之基本完善。建设网络强国、发展数字经济已形成全国共识。各级领导和政府部门对信息化的高度重视，组织领导体系的基本健全，为数字经济的发展提供了重要的政治保障。

2. 信息化引领现代化的战略决策为数字经济发展提供了明晰的路线图

《国家信息化发展战略纲要》提出了从 2016 年起到 21 世纪中叶中国信息化发展的战略目标，明确了在增强信息化发展能力、提升信息化水平、优化信息化发展环境方面的三大类 56 项重点任务。确切地说，国家信息化发展战略决策为数字经济发展提供了明晰的路线图。

3. 制定并形成了较为完整的政策体系

在过去两年多的时间里，我国围绕信息化和数字经济发展密集出台了一系列政策文件，包括"互联网+"行动、宽带中国、中国制造 2025、大数据战略、信息消费、电子商务、智慧城市、创新发展战略等。各部门、各地区也纷纷制定出台了相应的行动计划和保障政策。我国信息化政策体系在全球也可以称得上是最健全的，这体现出国家对发展数字经济的决心之大、信心之足和期望之高。更为重要的是，我国制度优势有利于凝聚全国共识，使政策迅速落地生根，形成自上而下与自下而上推动数字经济发展的大国合力。

第二章　数字经济时代的创新表现

第一节　创新原理与创新思维认知

一、创新原理

(一) 创新的概念与特征

1. 创新的经济学分析

美国经济学家熊彼特（Joseph Schumpeter）在《经济发展概论》中称，创新是指把一种新的生产要素和生产条件的"新结合"引入生产体系。它包括五种情况：引入一种新产品，引入一种新的生产方法，开辟一个新的市场，获得原材料或半成品的一种新的供应来源，获得一种新的组织形式。

美国国家科学基金会（National Science Foundation of U. S. A.）在《成功的工业创新》中将创新定义为技术变革的集合，认为技术创新是一个复杂的活动过程，从新思想、新概念开始，通过不断地解决各种问题，最终使一个有经济价值和社会价值的新项目得到实际的成功应用。

美国国家科学基金会在其报告《1976 年：科学指示器》中将创新定义为："技术创新是将新的或改进的产品、过程或服务引入市场而明确地将模仿和不需要引入新技术知识的改进作为最终层次上的两类创新而划入技术创新定义范围中。"

当代著名管理学家彼得·德鲁克（Peter F. Drucker）是这么给创新下定义的："有系统地抛弃昨天；有系统地寻求创新机会，在市场的薄弱之处寻找机会，在新知识的萌芽期寻找机会，在市场的需求和短缺中寻找机会。以企业家精神来组织企业的创新活动，以开创一个新的工业为目标，而不是以发明一个新产品或是修改一个产品为目标。"

综上所述，创新包括以下五种情况：①引入一种新产品；②采用一种新的生产方法；③开辟一个新的市场；④获得一种新的原材料或半成品的供应来源；⑤实现一种新的工业组织形式。

2. 创新的管理学分析

管理就是适应组织内外部环境变化，对组织的资源进行有效配置和利用以达成组织既定目标的一系列动态活动。社会经济系统在动态环境中仅仅生存和维持是不够的，必须不断调整系统活动的内容和目标，以适应环境变化的要求，这就是管理的创新职能。管理的创新职能是企业获取持续竞争优势的重要保证，主要包括目标创新、技术创新、制度创新、组织创新和环境创新。特别是在数字经济时代，企业为适应以信息技术为核心的技术革命及全球化竞争对生产经营活动的新要求，迫切地需要对企业本身的价值观念、制度框架、组织模式和管理方式进行创新。企业在运行过程中也会遇到各种新情况和新变化，顺利地度过这些环境的变化也需要企业对自身进行管理变革。创新成为现代成功企业的突出标志。一般地说，创新源于企业内部和外部的一系列不同的机会。这些机会可能是企业刻意寻求的，也可能是企业无意中发现后立即有意识地加以利用的。彼得·德鲁克曾把诱发企业进行创新的不同因素归纳成七种，即意外的成功或失败、企业内外的不协调、过程改进的需要、产业和市场的改变、人口结构的变化、人们观念的改变以及新知识的生产等。

管理的实质在于创新。首先，资源的整合活动充分体现着管理者的创新精神和创新才能。管理者在整合资源的过程中遇到的问题，可归结为程序性和非程序性两类问题。对于程序性问题，由于任何一种程序都是过去的创新成果的结晶，也是未来创新的起点，因此程序性问题的解决相对简单，有章可循。而对于非程序性问题，没有既定模式可供参考，管理者只有依靠自己的创造性来发现解决问题的方案。所以，无论是程序性还是非程序性管理问题，都要依靠创新，才能加以解决。其次，为了适应组织内外部环境变化而进行的局部或整体调整本身就是创新。任何组织必然要与周围外部环境不断地发生物质、能量和信息的交换，外部环境的变化必然会影响组织的活动。同时，组织的内部环境也在不断变化。管理者必须根据内外部环境变化的要求来进行局部或整体调整，以使管理活动有序地进行，并实现管理的目标。最后，经济与社会发展也是一个创新的过程。可持续发展已经成为当今社会和经济发展的总趋势和主旋律，既要满足当代人的需要，又不能对后代人满足需要的能力构成危害。谋求这样的发展，只有依靠创新。尤其是在新经济环境下，当知识资本价值高出传统资本价值的时候，管理者的思想观念必然会经过一个根本性的变革时期，管理创新就将更加受到人们的关注。

3. 创新的特征

（1）创新的不确定性

任何创新都具有不确定性，创新的程度越高，不确定性越大。创新的实现与扩散过程，也就是创新不确定性逐步消除的过程。创新的不确定性有三种类型。

第一，市场不确定性。创新的市场不确定性，主要是不易把握市场需要的基本特征以及如何将这些特征融入创新过程之中。这有可能是当出现根本性创新时找不到市场方向。例如，计算机刚出现时，有人估计全美国只有几十台的需求。另外，市场的不确定性也有可能是在确定了基本需要特征以后不能肯定该需要将以何种方式变化，亦即由市场细分问题造成的。市场不确定性的来源，还可能是不知道如何将潜在的需要融入创新产品的设计中去，以及未来产品如何变化以反映用户的需要。市场的不确定性还包括当一种创新产品推向市场时，是否能向用户提供更大的满足，用户是否接受，如何让用户尽快地接受以及如何使创新向其他领域扩散等。当存在创新竞争者时，市场的不确定性还指创新企业能否在市场竞争中战胜对手，这主要是指那些重大创新。相对来说，源于市场需要或生产需要的小的创新，其市场不确定性要小得多。

第二，技术不确定性。技术不确定性主要是如何用技术语言来表达市场需要的特征；能否设计并制造出可以满足市场需要或设计目标要求的产品与工艺，以及当原型测试后，规模放大时常出现的大量工程、工具设计和产品制造问题。从产品原型到工程化与规模生产，每一步都是一个相当大的跨越。新技术与现行技术系统之间的不一致性也是一个重要的不确定性来源。技术不确定性还包括设计是否优越、技术上能否超过已有产品或工艺、制造成本能否达到商业化的要求，以及进一步改进的潜力如何等。有不少产品构思，按其设计的产品无法制造或制造成本太高，因此，这种构思和产品都没有什么商业价值。

第三，战略不确定性。战略不确定性主要是针对重大技术创新和重大投资项目而言。它指一种技术创新出现使已有投资与技能过时的不确定性，即难以判断它对创新竞争基础和性质的影响程度，以及面临新技术潜在的重大变化时企业如何进行组织适应与投资决策。当美国钢铁业面临氧气顶吹转炉等重大工艺创新的机会时，它们没有舍弃原来的大量投资，没有引入新的工艺技术，而日本则利用这一机会建成了世界上效率最高的钢铁厂。创新的战略不确定性是对企业的巨大考验，也是企业技术战略管理的最关键问题之一。

（2）创新的保护性与破坏性

不同创新对企业的影响程度和性质有所不同。两个极端的情况是破坏性的和保护性的。具有保护性的创新会提高企业的现有能力、技能的价值和可应用性。虽然所有的技术创新都会引起某种变化，但这些变化不一定是破坏性的。例如，产品技术的创新可能解决了设计中的难题或者消除了设计上的缺陷，从而使现在的分销渠道更具吸引力和更有效；工艺技术的创新可能要求新的信息处理方式，但它能更有效地使用现有的劳动力技能。这类创新保护了企业已有的能力，如果再加以提高和细化，就会加固这些技能，从而使其他的资源和技能更难取得竞争优势。这些创新对企业的保护表现为提高市场进入壁垒，降低产品被替代的威胁,使其他竞争性技术和竞争企业的吸引力减弱。在破坏性的一端,创新的效果完全相反。这类创新不是提高和加强企业现在的能力,而是使企业现在的技能和资产遭到破坏和削弱。新的产品或工艺技术会使企业现有的资源、技能和知识只能低劣地满足市场需要,或者根本无法满足其要求,从而降低了现有能力的价值,在极端情况下甚至会使其完全过时。熊彼特认为,"创造性破坏"是经济发展的推进器,它对竞争的影响是通过重铸竞争优势的实现基础而实现的。有的"创造性破坏"影响如此深远、广泛,以致它们常常能创造出一个新的产业或者破坏一个现有的产业,如半导体产业的成长及其对电子真空管产业的破坏性作用。虽然科学和技术的奇迹常常能创造新产业、摧毁旧产业,但创新对竞争优势的作用绝不仅仅取决于技术上的新颖性或科学上的荣耀。创新产品的技术新颖性及其与科学进展的联系,在有些情况下与创新的竞争作用关系并不大,有些企业依赖现有能力,仅仅通过使部件标准化、工具更为精确、操作更合理等便取得了竞争优势。

(3)创新的受抵制性

创新活动常常受到来自各方面的排斥、压力和抵制。习惯于原有生活方式和思维方式的人们往往不欢迎任何改动和变革。"创新恐惧症"(Cainotophobia)就是对变革的恐慌,它已成为现代组织——企业、学校、政府的一种通病。米勒(Merton Miller)在1971年的研究中称之为"企业家症"。一个人不应该存有在某些组织内部没有这种疾病的幻想,甚至于托马斯·爱迪生(Thomas Edison)也曾用最强硬的反创新主义者的语言对竞争对手的一项发明(交流电)大加诋毁。人们之所以存在着对创新进行抵制的倾向,主要有以下几个原因:

第一,维护受到创新威胁的有价值事物的愿望。人们对于所有的东西都存在自我封闭的心理,期望的东西可能是社会地位、某种惬意的生活方式、某些东西的货币价值以及源源不断的收入,甚至于一项工作。有时,某种职业或行业也会受到创新的威胁。

第二,避免付出高昂的代价来促进创新的愿望。这也许是因为其他地方优先需要这笔资金,也许是因为与创新本身相伴而生的内在的不确定性。

第三,使通常的生活方式或工作方式保持不变的愿望。这种愿望可能仅仅是基于对变革的厌恶,但是实际上,它通常比这要深刻得多。当研究人员在讨论这种态度时,他们使用如习惯、情趣、时尚以及均衡之类的术语。有时,这种愿望是正当的,但有时它们则是官僚主义的温床。

第四,一个团体强迫它的所有成员保持一致的内在趋势。无论是哪种原因,也许根本就没有什么原因,这里存在对创新行为的强大的阻力。对于创新者的实际行动,或他准备采取的行动而言,似乎都在证明一个事实:他是与团体背道而驰的。

通常管理人员对创新采取抵制的态度,因而强化了这样一种公众信念:无论是个人力量还是集体行动，创新都无法改变企业原有最高管理层的地位。这事实上较之其他情况，更常被人引证用以说明在当今的企业中子公司脱离母公司的现象为何如此普遍。一个创新者被告知：如果你不喜欢我管理这个公司的方式那么你可以远走高飞，去创办你自己的公司，你就可以按照你期待已久的方式重新开始。于是他这样做了，而且获得了成功。当然，许多人并没有成功。

（4）创新的偶然性或机遇性

在我们谈到研究与开发时，我们头脑中通常浮现的景象就是实验室和试管，如果不是这样，那就是一位新产品管理者为寻觅一个绝佳的新产品构想而在市场营销数据研究中克己奉公、一丝不苟地进行分析。这两种印象都是正确的，大多数产品创新的确就是在这两种背景下产生的。幸运的是，一些新产品是通过另外一种方式诞生的，这种方式对今天的管理人员来说是丝毫不能忽视的：偶然，更委婉的说法——机遇。

20世纪60年代，《华尔街日报》的编辑们刊登了一系列有关创新者的文章，而且在研究这一系列事例的过程中，偶然发现了一些不符合常理的情况。杜邦公司一位名叫罗伊普兰克特（Roy Plunkett）的化学家，在努力对一种制冷剂进行改进时，发现他的汽缸中出现了一种蜡状的固体，这种固体不溶于普通溶剂，而且在极高的温度下也不会发生化学反应。这种物质作为制冷剂是毫无价值的，但是冠之以"特氟龙"（Teflon）的商标后，它给杜邦公司带来的收益却是成百上千万的美元。伊利诺伊大学化学系有一位名叫米切尔·斯文达（Michael Sveda）的研究生，他一直在试验各种化合物的退烧能力。在一次实验过程中，他抹去嘴角残留的烟末，注意到这样一种现象：当他的手指接触他的嘴唇和舌头时，有一种特别强烈的甜味产生，这种化学物质就是环烷钠。直到由于它与动物的癌变之间存在某种关系而被暂时禁止使用之前，它作为甜味强化剂而用于数十亿瓶的碳酸饮料及其他产品。这种事例似乎不胜枚举，这其中的一个关键原因就在于机遇。我们听说过数十种这样的发现：甘油炸药、爆米花、青霉素等这类基于偶然的发现已经成为任何一个创新规划作为其完整性所必需的。但是，发现并不是人们所想象的那种纯属偶然的事件。机遇和偶然虽然常常相伴而生，但绝非可以等量齐观。机遇是偶然性与有所准备的大脑的结合。要想证明这一点很困难，因为历史并没有记录下成百上千个与我们提到的有着类似经历的其他人，他们被历史忽略了。但是有一个典型的例子却足以说明这一切。一位名叫约翰·廷道（John Tyndal）的物理学家注意到一种具有固定的蓝绿色形态的霉菌具有抗菌作用，并且记录下了这一事实。但这并不是他分内的事情，因此他就没有继续研究这一现象。差不多50年后，细菌学家亚历山大·弗莱明（Alexander Fleming）在一个由于疏漏而敞口很久的细菌培养皿上又发现了这种霉菌。但是他意识到自己走到了一项重大发现的边缘。经过他和其他人的持续努力，终于导致了青霉素的诞生。如果希望通过正式的规划来保证重大的发现不被遗漏，那么这种努力的成效将是少得可怜的。正确的方法是，建立一套让每位有关人员重视任何一项发现的制度，这些发现可以不必考虑是否有重大使用前景。

（二）创新的类型

1. 以创新对象的基本属性为根据，创新可分为物质性的创新和非物质性的创新

（1）物质性的创新

物质性的创新包括科学发现、技术发明和技术创新三大类：

第一，科学发现。科学发现是指对前人没有觉察的客观世界存在的事物、现象和规律的揭示，它包含新的科学事实的发现和新的科学理论的发现两大类。其目的在于探索未知世界，主要解决"是什么"和"为什么"的问题。

例如，哥伦布发现美洲新大陆；牛顿发现万有引力定律；伽利略发现钟摆的等时性原理；加拿大皇家医学院发现人的自杀行为与基因遗传有关；杭州小学老师周武一发现在班级排名十名左右的孩子日后往往有较强的创新潜力；等等。

第二，技术发明。技术发明是利用自然科学法则，创造前所未有的人工事物的创新活动。它包含新产品的发明和新的制造方法的发明两大类，其目的在于运用科学原理去改造世界，任务是解决"做什么"和"怎样做"的问题。

例如，中国古代的四大发明：造纸术、印刷术、指南针、火药；诺贝尔发明固体炸药；贝尔发明电话；王选发明汉字激光照排技术；袁隆平发明水稻杂交技术；等等。

第三，技术创新。技术创新是对已有技术的改进、完善和应用，是建立在已有技术基础上的再创新。它包含的范围比较广，比如对原有技术或工艺进行革新，采用改进的生产方式和经营管理模式，在原来基础上开发新产品、提供新服务、实现新价值、占据新市场等。技术创新的任务是解决如何把事情"做得更好"，它可以是重大的技术突破，也可是小型的技术进步。

技术创新是发展高科技、实现产业化的重要前提，是经济发展的重要手段。企业是技术创新的主体，企业的活力在于不断地技术创新。日本在这方面很值得我们学习。例如，日本人在世界上并没有做出多少重大科技突破，但他们以原有技术为基础发明的卡式收录机、随身听、家用摄像机、傻瓜相机却风靡全球，给本国带来了滚滚利润。汽车和彩电也不是日本人发明的，但他们却以高质量低价格占领了世界市场，这些无不属于技术创新的功劳。

（2）非物质性的创新

世界上的事物除了物质现象之外，还有非物质的现象。非物质的现象主要是政治现象和精神现象。非物质的创新，说的就是政治领域和精神领域的创新，它包括社会制度和管理制度的创新、科学理论研究的突破、战略战术的策划和制定、教育内容和方法的改革、文学艺术的创作、工作方法的改进、思想理念的解放等。

例如，中国四大名著、莎士比亚的《哈姆雷特》是创新，达·芬奇的名画《蒙娜丽莎》、米开朗基罗的"摩西雕像"也是创新，电影《泰坦尼克号》是创新，广告词"车到山前必有路，有路必有丰田车"也是创新。

2. 以创新成果的影响和作用大小为根据，我们可以把创新分成突破型创新、开发型创新和改进型创新三大类

（1）突破型创新

突破型创新往往具有划时代的意义，它对人类的发展产生着巨大的影响，持续时间也非常长。例如，孔子儒家学说的创立，马克思主义理论的诞生，取火方法、造纸方法的发明，蒸汽机的发明，发电机、电动机、电灯、电话的发明，电子计算机的发明，激光技术的发明，克隆技术的发明等。

（2）开发型创新

开发型创新是指将突破创新的原理、方法、成果向深度和广度推进，从而产生新的价值。例如，诺贝尔奖获得者美国人汤斯发明了激光，是突破型的创新。后来，许多人研究把激光应用到具体的领域，如激光打孔、激光金属切割器、激光手术刀、激光测距仪、激光通讯、激光打印机、激光炸弹、激光制导等，这些都属于开发型创新。

（3）改进型创新

在开发型创新的基础上进一步改进、完善、优化、拓展就是改进型创新。例如，对照相机结构及功能的改进、把大吊扇变为微风吊扇、在电饭煲上安装定时器等改进型的创新。改进型创新的特点是创造性水平低于开发型创新和突破型创新。但是，改进型面广量大，对技术进步和经济发展起着重要的推动作用。

由此可见，突破型创新是有相当难度的，一般人难以实现，但是也并非不可能；至于开发型创新，特别是改进型创新，任何人都是能够进行并可能取得成功的。

（三）创新模式

创新模式，依不同层次的创新而不同。这里讲的是国家创新战略模式。

1. 模仿模式

一些财富水平和工业化程度不高，即相对竞争力比较弱的国家，其政府往往需要模仿

发达国家的经济模式，转变其不利的经济发展趋势和竞争地位，以使国民经济的发展能够走上稳定的发展轨道，奠定未来竞争力突进的基础。通过模仿，将国外的管理方法和技术（管理技术、工程技术等）加以消化吸收、结合国情进行适应性的改进和创新，从而尽快发挥其作用。

当一个国家是在比较落后的情况下采取模仿模式时，由于国内存在众多的经济、社会问题，应该重视在模仿的过程中结合本国国情的创新，否则可能会走很多弯路，甚至导致重大的失误。

2. 维持模式

一些有一定的相对竞争力的国家，由于国家规模小、发展中遇到困难等原因，国家总体的创新能力有限。这些国家的经济发展和科技创新以企业为主导，而政府则在关系国民经济发展的重大的、有着深远影响力的关键问题上进行引导和支持，以实现重点创新，维持国家的竞争力，并希望获得进一步的发展。

3. 紧跟模式

一个国家在相对竞争力不强的情况下，通过政府管理创新产生的强大力量，紧跟世界先进水平，促进国民经济的跨越式发展。在 20 世纪 50—60 年代，日本经济实现腾飞，就是紧跟战略的成功实例。在这一时期，日本的经济实力还不强，主要生产低成本的模仿产品。但是，日本政府重点加强国家对经济发展的宏观调控和指导作用，以产业政策为指导发展战略工业，以组织高效率的"技术引进+消化吸收+改进提高"紧跟世界先进水平，为形成日本经济的竞争优势奠定了良好的基础。

4. 精益模式

精益模式是指，一些相对竞争力强的国家，政府着重现有财富的管理以使优势持续，保持现有的竞争地位。

作为经济大国、科技大国，德国虽然在世界范围内属于发达国家，但同美国、日本比起来则显得较为落后。高福利、高工资削弱了竞争机制，企业的投资和革新热情日渐消退，个人的想象力和创造性难以发挥。德国的科技投入远低于日本和美国，且呈递减趋势，这必然导致科技竞争水平的降低。

面对新经济的冲击，德国政府认识到了危机的存在，开始制定系统的国家创新战略：1993 年、1995 年分别发表了第一个和第二个德尔斐研究报告，明确国家的创新方向。1996 年提出了发展科学技术、促进技术革新的行动计划，加强自己知识经济的基础地位。其重点，一是增强人们的知识经济意识，热情支持和参与发展科技；二是促进科技成果产业化，让科技创新转变为生产力。但是，德国把投入重点放在改进传统工业的传统工艺上，尽管 1997 年投入达到 590 亿马克，却错了方向，没能取得预期的效果。

德国政府认识到了这个问题，后来发挥自身的科技基础优势，大力发展生物、信息等技术。

5. 竞争模式

竞争模式是指，政府减小控制力度，企业发挥竞争优势，保持国家竞争力。

20 世纪 80 年代以前，日本公司的产品开发几乎完全依赖于从美国和欧洲获取的技术许可。为了阻止日本的快速发展和保持贸易顺差，美国等技术出口国开始实行自由出口限制政策。这样，从产品创新开始，倒逼日本进入了一个创新时代，表现为光电子、高密度电视、记忆芯片、机器人、工厂自动化等领域的进展。不仅如此，日本还在先进的、有发展前途的领域力争卓越。

这一时期，在日本的创新系统中，更多的是由市场主体——企业主导。较之 20 世纪五六十年代，政府的控制力度减小了，更多地依靠发挥企业的竞争优势，来保持国家的竞争力。

6. 领先模式

领先模式指发达国家保持科技投入和政府支持，永续国家竞争力。一个国家墨守成规是没有出路的，一时的成功只能获得暂时的竞争优势，但无法阻止潜在竞争国家的模仿和进入。不少成功的国家后因创新能力的窒息而导致国力江河日下。世界上一些发达国家从国家竞争力的沉浮中认识到了这一点。为了永续国家竞争力，他们在努力保持科技投入和政府的支持。

"冷战"结束后，美国在纺织、钢铁、汽车、电子消费品、家用电器以及电信设备等行业失去了全球统治地位。于是，它一方面借助关贸总协定机制和建立北美自由贸易协议区（美国、加拿大、墨西哥）保护和推动自己经济的发展；另一方面，更重要的是通过知识创新战略全方位提升国家的科技和经济水平。尤其是克林顿政府上台后，举起振兴美国经济的旗帜，调整科技发展战略，放弃"星球大战"计划，协助军事工业转向为民用服务，大力发展诸如"信息高速公路"等将科技与市场相结合的项目。同时，通过增加对教育的投资，提高中小学教育质量，让大中院校之门向所有人开放；增加对基础和应用科研经费投入，特别是增加对有助于提高美国人生活质量的研究项目的投入；继续进行诸如 PNGV（新一代汽车合作计划）等大规模的、对经济和社会发展具有基础性作用的官、产、学、研合作创新研究项目，实现"小政府、大投资、强国家"；继续大力发展信息技术等，实现国家长期的可持续发展。

二、创新思维

(一) 创新思维概念与特征

创新思维是创新或创造的思想基础，是创新人才最基础的素质，培养创新人才的核心就是要培养创新思维。

1. 思维的含义

什么是思维呢？人们平时常说的"想一想""考虑一下""考虑再三""沉思良久""思索一番""深思熟虑""设想""反省""抽象概括""判断推理""眉头一皱、计上心来"等都是指人们的思维活动。

如果将"思维"两字分开来看，其"思"字可从字面上解释为前面所说的"想"或"思考"，其"维"字可从字面上解释为"序"或"方向"。据此，从字面上来解释"思维"就是：有一定顺序的想，或是沿着一定方向的思考。这样只是字面上的解释，还不能表达"思维"一词的深刻内涵。如何给思维下定义呢？这又很难很难。正如一位英国学者指出：思维一词有许多定义，但是没有一个定义能使所有的人满意。在这里，我们先从心理学界一般认可的对思维的概括理解来解释。所谓思维是人脑对客观事物的间接的和概括的反映。所谓间接的反映，就是通过该事物的媒介来认识客观事物，即借助已有的知识经验间接地去理解和把握那些没有直接感知过的或根本不可能感知到的事物。所谓概括的反映，就是依据对事物规律性的认识，把同一类事物的共同特征和本质特征抽引出来，加以概括，得出结论。在心理学解释思维的基础上，再从逻辑学的角度较具体地阐释，就比较容易理解了。什么是思维呢？所谓思维是指人脑利用已有的知识，对记忆的信息进行分析、计算、比较、判断、推理、决策的动态活动过程。它是获取知识及运用知识求解问题的根本途径。

思维是人类区别于其他动物的最根本的特征。在自然界优胜劣汰的竞争中，人类之所以能够成为这个世界的主宰，就是因为人有着其他任何动物都无法比拟的思维能力，人靠着思维所孕育的无限智慧而不断探索利用自然和征服其他动物而繁衍生存下来，并主宰着这个世界。因此，恩格斯称赞思维是"地球上最美丽的花朵"。

2. 创新思维的概念

创新思维，也称创造性思维，就是主体在强烈的创新意识驱使下，通过综合运用各种思维方式，对头脑中的知识、信息进行新的加工组合，形成新的思想、新的观点、新的理论的思维过程。简言之，凡是突破传统思维习惯，以新颖独创的方法解决问题的思维过程，都可以称为创新思维。这种独特的思维常使人产生独到的见解和大胆的决策，获得意想不到的效果。

创新思维是多种思维发展的结晶。它是一种能够发现新知识、获取新知识、解决新问题的智慧和能力。它强调的是思维的过程。创新思维不但能够揭示客观事物的本质特征及各种事物的内在联系，而且可以产生新颖、独特的见解和想法，至少也能提出创造性的见解。所以，创新思维是比一般思维更高的形式，是一种主动地、独创地发现新问题，提出新问题，解决新问题的创造性思维过程。

3. 创新思维的特征

创新思维存在着与常规思维过程不同的、具有独特意义的思维方式和思维环节。创新思维具有独创性、多向性、综合性、联动性和跨越性的特征。掌握创新思维的特点和类型，就能从习以为常的事物中发现新事物，能在纷繁杂乱的问题中理清思路，能把困难的事物变成容易的事物，能把荒谬的矛盾变成合理的解决方案。这种思维习惯不但会让一个人的生活得到意想不到的收获，也会让一个企业甚至一个国家都发生翻天覆地的变化。

（1）独立性

思维的独立性就是表现在不迷信、不盲从、不满足现成的方法和方案，而是经过自主的独立思考，形成自己的观点和见解，突破前人，超越常规，产生新的思维成果。如果没有独立自主的思考，总是遵守清规戒律，一切照章办事，服从已有的权威，就不可能产生独立的思维，也就根本谈不上是创新者。

要使自己思维具有独立性，关键在于培养自己具有独立解决问题的能力。思维与处理问题是直接联系着的，只有经常独立处理问题，才能逐步增强思维的独立性。一个经常回避问题或缺乏独立处理问题能力的人是不能使自己的思维得到发展的。因此，在处理问题时要学会果断，不要盲从，努力促进独立思考。

（2）新颖性

创新思维的本质是求异、求新，具有前所未有的特征。创新者能从不同寻常的角度和不依常规的思路去思考问题，其思维的角度、思维方法和思维路线别具一格。新颖性是创新思维的主要特点，思维结论超越了原有的思维框架，具有"前无古人"的独到之处，更新知识和理念，发现新的原理、新的规律，对人类生活方式的改变和社会进步起到促进作用。

（3）多向性

创新思维不受传统的单一的思想观念限制，思路开阔，从不同侧面、不同角度思考问题。只要思路不受阻，遇有难题，就能灵活变通，从新角度去思考，调整思路，善于巧妙地转变思维方向，产生适合的新办法。例如，如果问红砖有多少种用途？运用创新思维来回答这个问题，其答案就不仅仅是能盖房子，还可以想到能铺路、垫桌子、压塑料布或纸、钉钉子、当防卫武器……

（4）综合性

创新思维能把大量的观察材料、事实和概念综合一起，进行概括、整理，形成科学的概念和体系。创新思维能对占有的材料加以深入分析，把握其个性特点，再从中归纳出事物规律。法国遗传学家 F. 雅各布很早就提出过"创造就是重新组合"的观点，日本人也有"综合就是创造"的提法。创新者在"重新组合"过程中必然要进行综合性的思考来进行"智慧杂交"，博采众长地进行巧妙组合，形成新的设想和方案，产生新的事物。

（5）联动性

创新思维具有由此及彼的联动性，这是创新思维所具有的重要的思维能力。联动方向有三个：一是看到一种现象，就向纵深思考，探究其产生原因；二是逆向，发现一种现象，则想到它的反面；三是横向，能联想到与其相似或相关的事物。总之，创新思维的联动性表现为由浅入深，由小及大，触类旁通，举一反三，从而获得新的认识、新的发现。

（6）跨越性

跨越性即越出常规，超越一般的逻辑推导规则和通常的实践进程，另辟蹊径，走出新的路子；或跨越时间进度，省略思维步骤，加大思维的前进性；或跨越转换角度，省略一事物转化为他事物的思维过程，加大思维的跳跃性、灵活性。跨越性表明，创新思维是一种突发性的非常规思维，无序性往往是其中一个重要特征。

（二）创新思维的作用

第一，创新思维可以不断增加人类知识的总量，不断推进人类认识世界的水平。创新思维因其对象的潜在特征，表明它是向着未知或不完全了解的领域进军，不断扩大着人们的认识范围，不断地把未被认识的东西变为可以认识和已经认识的东西，科学上每一次的发现和创造，都增加着人类的知识总量，为人类由必然王国进入自由王国不断地创造着条件。

第二，创新思维可以不断提高人类的认识能力。创新思维是一种高超的艺术，其思维活动及过程中的内在东西是无法模仿的。而每一次的创新性思维过程就是一次锻炼思维能力的过程，因为要想获得对未知世界的认识，人们就要不断地探索前人没有采用过的思维方法、思考角度，就要独创性地去寻求没有先例的办法和途径去正确、有效地观察问题、分析问题和解决问题，从而极大地提高人类认识未知事物的能力，所以，认识能力的提高离不开创新性思维。

在认知过程中，包含着已有的知识和经验，以及被人类所掌握的既定的推理法则、思维方法等。如果人们拘泥于现有的知识和经验，依据既定的推理法则、思维方法进行认知活动，显然是难以创新的。

第三，创新思维可以为实践开辟新的局面。创新思维的独创性特征赋予了人敢于探索和创新的精神，在这种精神的支配下，人们不满于现状，不满于已有的知识和经验，总是力图探索客观世界中还未被认识的本质和规律，并以此为指导，进行开拓性实践，开辟出人类实践活动的新领域。若没有创新性思维，人类躺在已有的知识和经验上，坐享其成，那么，人类的实践活动只能停留在原有的水平上，实践活动的领域也非常狭小。

（三）创新思维的形式

1. 发散思维和收敛思维

发散思维与收敛思维是人类思维的两种重要类型。

发散思维即根据已有知识或已知事实，以某一问题为中心，从不同角度、不同方向、不同层次思考，寻找问题多种答案的一种展开性思维方式，是一种以已有思维成果为基础，同时又不满足这种成果，向新的方面、领域探索和开拓的开放性思维活动。

与发散思维相对应，收敛思维是依据一定知识和事实求得某一问题最佳或最正确答案的聚合性思维方式。与已有的思维形成连续性，使多样化的发散过程形成某种统一性而沿着一个方向达到确定的结果，这是收敛思维的基本要求。

在实际思维活动中，发散思维与收敛思维二者互为前提，彼此沟通，相互促进，相互转化。发散思维要以收敛思维的已有成果为基础，并依赖收敛思维形成一个集中的思维指向和思维力量从而获得具体思维成果。收敛思维则以发散思维为前提，否则就会成为无对象的收敛或造成思维的保守、封闭与停滞。在不同思维活动中，二者各有侧重。一般说，创造性思维偏重于发散思维，批判性思维偏重于收敛思维。

2. 综合思维

综合有两种含义：一种是与分析相对，把分析过的对象或现象的各个部分、各个属性联合成一个统一的整体；二是不同种类、不同性质的事物组合在一起。作为一种思维方式，综合思维是把某一事物的某些要素分离出来，组接到另一事物或事物的某些要素上的创造性、创新性思维的过程。我们所说的综合思维中的"综合"，不是与分析相对的，不是分析基础上认识第二阶段的综合，而是掌握系统、整体及其结构层次上的综合，有着更高层次的认识基点。在综合基础上的分析，即从综合到综合分析，才是认识的制高点。因此，综合思维把相关事物的整体作为认识的前提和起点，对事物的整体进行分析以达到对事物整体的把握。综合思维中的分析是综合的分析，以综合为认识的起点，并以综合作为认识的归属，是"综合—综合分析—新的综合"的思维逻辑。

3. 侧向思维

侧向思维亦称"横向思维"，与"纵向思维"对称。以总体模式和问题要素之间关系为重点，使用非逻辑的方法，设法发现问题要素之间新的结合模式并以此为基础寻找问题的各种解决办法，特别是新办法。在这种思维形式中，理智控制着逻辑。在技术创新构想产生过程的前期阶段常采用这种思维方式。

世界万物是彼此联系的，从其他的领域寻求启发，可以突破本领域常有的思维定式，打破专业障碍，对问题作出新的解释。两百多年前，奥地利的医生奥恩布鲁格，想解决怎样检查出人的胸腔积水这个问题，他想来想去，突然想到了自己父亲。他的父亲是卖酒的商人，在经营酒业时，只要用手敲一敲酒桶，凭叩击声，就能知道桶内有多少酒。奥恩布鲁格想：人的胸腔和酒桶相似，如果用手敲一敲胸腔，凭声音，不也能诊断出胸腔中积水的病情吗？"叩诊"的方法就此诞生。历史上甚至有这样的现象，一些人在自己所学的领域内未取得突出成就，而在其他领域却成绩斐然。例如美国画家萨缪尔·摩尔斯发明了电报，美国自行车修理工莱特兄弟发明了飞机，学医的鲁迅、郭沫若却成为文学、史学领域的大家。

4. 逆向思维

逆向思维，也称求异思维，它是对司空见惯的，似乎已成定论的事物或观点反过来思考的一种思维方式。敢于"反其道而思之"，让思维向对立面的方向发展，从问题的相反面深入地进行探索，树立新思想，创立新形象。

当大家都朝着一个固定的思维方向思考问题时，而你却独自朝相反的方向思索，这样的思维方式就叫逆向思维。人们习惯于沿着事物发展的正方向去思考问题并寻求解决办法。其实，对于某些问题，尤其是一些特殊问题，从结论往回推，倒过来思考，从求解回到已知条件，反过去想或许会使问题简单化。司马光砸缸的故事就是逆向思维的例子：有人落水，常规的思维模式是"救人离水"，而司马光面对紧急险情，运用了逆向思维，果断地用石头把缸砸破，救了小伙伴的性命。

5. 联想思维

联想思维是指在人脑记忆表象系统中，由于某种诱因导致不同表象之间发生联系的一种没有固定思维方向的自由思维活动。联想思维的主要思维形式包括幻想、空想、玄想。其中，幻想尤其是科学幻想，在人们的创造活动中具有重要的作用。联想思维又可以分为以下五种类型：

①相似联想，是指由一种事物外部构造、形状或某种状态与另一种事物的类同、近似而引发的想象延伸和连接。

②相关联想，是指联想物和触发物之间存在一种或多种相同而又具有极为明显属性的联想。例如，看到鸟想到飞机。

③对比联想，是指联想物和触发物之间具有相反性质的联想。例如，看到白色想到黑色。

④因果联想，是指源于人们对事物发展变化结果的经验性判断和想象，触发物和联想物之间存在一定因果关系。例如，看到蚕蛹就想到飞蛾，看到鸡蛋就想到小鸡。

⑤接近联想，是指联想物和触发物之间存在很大关联或关系极为密切的联想。例如，看到学生想到教室、实验室及课本等相关事物。

6. 形象思维

形象思维是指人们在认识世界的过程中，对事物表象进行取舍时形成的，只运用直观形象的表象来解决问题的思维方法。形象思维是在对形象信息传递的客观形象体系进行感受、储存的基础上，结合主观的认识和情感进行识别（包括审美判断和科学判断等），并用一定的形式、手段和工具（包括文学语言、绘画线条色彩、音响节奏旋律及操作工具等）创造和描述形象（包括艺术形象和科学形象）的一种基本的思维形式。

形象思维并不仅仅属于艺术家，它也是科学家进行科学发现和创造的一种重要的思维形式。例如，物理学中的形象模型，像汤姆孙模型或卢瑟福（原子）模型，都是物理学家抽象思维和形象思维结合的产物。

（四）创新思维的过程及方法

1. 创新思维的过程

创新思维是以发现问题为中心，以解决问题为目标的高级心理活动。对这种心理活动的阶段和过程的研究理论又有很多种，其中最有影响的是四个阶段理论，即准备阶段、酝酿阶段、顿悟阶段和验证阶段，这一理论较为科学地描绘了创新思维的过程。

（1）准备阶段

创新思维是从发现问题、提出问题开始的。"问题意识"是创新思维的关键，提出问题后必须着手为解决问题做充分的准备。这种准备包括必要的事实和资料的收集，必需的知识和经验的储备，技术和设备的筹集以及其他条件的提供等。同时，必须对前人在同一问题上所积累的经验有所了解，对前人尚未解决的难点做深入的分析。这样既可以避免重复前人的劳动，又可以使自己站在新的起点从事创造工作，还可以帮助自己从旧问题中发现新问题，并从前人的经验中获得有益的启示。准备阶段常常要经历相当长的时间。

（2）酝酿阶段

酝酿阶段要对前一阶段所获得的各种资料和事实进行消化吸收，从而明确问题的关键所在，并提出解决问题的各种假设和方案。此时，有些问题虽然经过反复思考、酝酿，仍未获得完美的解决，思维常常出现"中断"想不下去的现象。这些问题仍会不时地出现在人们的头脑中，甚至转化为潜意识，这样就为第三阶段打下了基础。许多人在这一阶段常常表现为狂热和如痴如醉，令常人难以理解。如我们非常熟悉的牛顿把怀表当鸡蛋煮了，陈景润在马路上与电线杆相撞等轶事。这个阶段可能是短暂的，也可能是漫长的，有时甚至延续好多年。创新者的观念仿佛是在"冬眠"，等待着"复苏""醒悟"。

（3）顿悟阶段

顿悟阶段也叫作豁朗阶段，经过酝酿阶段对问题的长期思考，创新观念可能突然出现，思考者大有豁然开朗的感觉，真是"山重水复疑无路，柳暗花明又一村"。这一心理现象就是灵感或顿悟。灵感的来临，往往是突然的、不期而至的。如德国数学家高斯，为证明某个定理，被折磨了两年仍一无所得，可是有一天，正如他自己后来所说："像闪电一样，谜一下解开了。"

（4）验证阶段

思路豁然贯通以后，所得到的解决问题的构想和方案还必须在理论上和实践上进行反复论证和试验，验证其可行性。经验证后，有些方案得到确认，有些方案得到改进，有些方案甚至完全被否定，再回到酝酿期。总之，灵感所获得的构想必须经过检验。

2. 创新思维的方法

（1）模仿创新法

前面已经讲过模仿创新，即通过模仿而进行的创新活动，一般包括完全模仿创新和模仿后再创新。模仿创新是对率先进入市场的产品进行再创造，也就是在引入他人技术后再消化吸收，这样不仅达到被模仿产品技术的水平，而且通过创新超过原来的技术水平。采用模仿创新法，要求企业首先应掌握被模仿产品的技术诀窍，对其进行产品功能、外观和性能等方面的改进，使产品更具市场竞争力。

模仿创新优势在于可节约大量研发及市场培育方面的费用，降低投资风险，也回避了市场成长初期的不稳定性，降低了市场开发的风险，但是同时难免会在技术上受制于人，而且新技术也并不总是能够轻易被模仿的。随着知识产权保护意识的不断增强，专利制度的不断完善，要模仿效益显著的技术显然更不容易。

（2）创意列举法

新的创意往往是通过对一系列相关问题或建议的列举而被开发出来，同时还需要进行观察学习，吸收他人的新观点，将其转化为自己的创新思路。创意列举法的基本类型包括以下四种：

①属性列举法。属性列举法是偏向物性、人性特征的思考，主要强调创造过程中观察和分析事物的属性，然后针对每一项属性提出可能改进的方法，或改变某些特质（如大小、形状、颜色等），使产品产生新的用途。

②希望点列举法。希望点列举法是偏向理想型设定的思考，是透过不断提出"希望可以""怎样才能更好"等理想和愿望，使原本的问题能聚合成焦点，再针对这些理想和愿望提出达成的方法。希望点列举法的步骤是先决定主题，然后列举主题的希望点，再根据选出的希望点来考虑实现方法。

③优点列举法。优点列举法是一种逐一列出事物优点的方法，进而探求解决问题和改善对策。具体步骤包括决定主题、列举主题的优点、选出所列举主题的优点、根据选出的优点考虑如何让优点扩大。

④缺点列举法。缺点列举法是偏向改善现状型的思考，透过不断检讨事物的各种缺点及遗漏，再针对这些缺点一一提出解决和改善问题的对策方法。缺点列举法的步骤是先决定主题，然后列举主题的缺点，再根据选出的缺点来考虑改善方法。

（3）类比创新法

类比创新法又称综摄法、类比思考法、提喻法、比拟法、分合法、举隅法、集思法、强行结合法、科学创造法，是由美国麻省理工学院教授威廉·戈登于 1944 年提出的一种利用外部事物启发思考，开发创造潜力的方法。戈登发现，当人们看到一件外部事物时，往往会得到启发思考的暗示，即类比思考。而这种思考的方法和意识没有多大联系，反而是与日常生活中的各种事物有紧密关系。事实证明：很多的发明创造和文学作品都是由日常生活的事物启发而产生灵感的。这种事物，从自然界的高山流水、飞禽走兽，到各种社会现象，甚至各种神话、传说、幻想，电视节目等，比比皆是，范围极其广泛。

（4）组合创新法

组合创新法不是任意地把不相干的部分、方面或要素机械地拼凑在一起，而应该是将同一整体的各个部分、方面或因素进行有效连接。组合创新法可以分为以下几种：

①主体附加法。主体附加法是以某事物为主体，再添加另一附属事物，以实现组合创新的技法。在琳琅满目的市场上，我们可以发现大量的商品是采用这一方法创造的，如在电风扇中添加香水盒、为摩托车后面的储物箱装上电子闪烁装置。

②同物组合法。同物组合法就是将相同的两个或两个以上的产品进行组合。任何相同产品都可以组合，但组合后的效果会不一样。例如，几种不同颜色的笔芯放在一支笔里，就构成了多色笔；将烟雾传感器和温度传感器组合在一起，就形成了火灾报警器。

③异类组合法。异类组合法是将两种或两种以上不同类型的产品进行组合。它可以通过主体添加和异类杂交两种方式来实现。现在的产品大部分功能都较多，例如电视机不仅可以看电视，还可以上网、玩游戏，甚至可以连接电脑办公。

④分解重组法。任何产品都可以看作是各零部件之间的有序组合。我们所看到的组合玩具、模块化机床等，都是分解重组的例子。例如慧鱼创意组合模型，它是技术含量很高的工程技术类智趣拼装模型，是展示科学原理和技术过程的教具，可以保证反复拆装的同时不影响模型结合的精确度；构件中工业燕尾槽专利设计使六面都可拼接，独特的设计可实现随心所欲地组合和扩充。

⑤辐射组合法。辐射组合法是指把一种新技术或需要推广的技术与各种现有技术组合起来，进一步开发应用这种技术，从而引起其他多种技术创新的发明创造方法。以人造卫星为例，当人造卫星技术问世以后，人们便将它与各种学科进行辐射组合，于是出现了卫星电视转播、卫星通信转播、卫星气象预报、卫星导航、全世界的时间标准，以及对月球、行星、恒星等宇宙研究的各种技术。

⑥信息交合法。信息交合法又称为坐标法，是我国华夏研究院思维技能研究所所长许国泰于 1983 年首创的，是一种组合创造技法。其基本思路是借助坐标系来集合信息，然后用一个坐标轴上的各点信息依次与其他坐标轴上各点的信息交合，以产生出新的交合信息。如使用平面坐标系则称作"二元坐标联想法"（简称二元坐标法），如使用三轴空间坐标系则称为"三元坐标联想法"。

（5）头脑风暴法

头脑风暴法（brain storming）由美国 BBDO 广告公司的奥斯本首创。在群体决策中，由于群体成员心理相互作用影响，人们易屈于权威或大多数人意见，形成所谓的"群体思维"。群体思维削弱了群体的批判精神和创造力，损害了决策的质量。为了保证群体决策的创造性，提高决策质量，管理界出现了一系列改善群体决策的方法，头脑风暴法是较为典型的一个。采用头脑风暴法组织群体决策时，要集中有关专家召开专题会议，主持者以明确的方式向所有参与者阐明问题，说明会议的规则，尽力创造融洽轻松的会议气氛。主持者一般不发表意见，以免影响会议的自由气氛，由专家们"自由"提出尽可能多的方案。

第二节　数字经济对创新发展的重要性

我国数字经济已经扬帆起航，正在引领经济增长从低起点高速追赶走向高水平稳健超越，供给结构从中低端增量扩能走向中高端供给优化，动力引擎从密集的要素投入走向持续的创新驱动，技术产业从模仿式跟跑并跑走向自主型并跑领跑全面转型，为最终实现经济发展方式的根本性转变提供了强大的引擎。

一、数字经济成为国家经济发展的重要引擎

迄今为止，关于数字经济规模及其对 GDP 的贡献并没有可信的统计资料，但国内外都有机构做了一些研究性测算，对于数字经济成为经济增长重要引擎给出了一致性判断。

中国信息通信研究院（以下简称信通院）发布了《中国数字经济发展与就业白皮书（2019 年）》，白皮书指出数字经济是指以数字化的知识和信息为关键生产要素，以数字技术创新为核心驱动力，以现代信息网络为重要载体，通过数字技术与实体经济深度融合，不断提高传统产业数字化、智能化水平，加速优化经济发展与政府治理模式的一系列经济活动。当前，我国发展面临多年少有的国内外复杂严峻形势，经济出现新的下行压力，稳外贸、稳投资、稳预期等是近期经济发展的主要任务。数字经济的持续稳定快速发展，成为稳定经济增长的重要途径。未来，伴随着数字技术创新和加速向传统产业的融合渗透，数字经济对经济增长的拉动作用将越发凸显。

二、数字经济在生产生活各个领域全面渗透

（一）数字经济正在引领传统产业转型升级

《传统产业数字化转型的模式和路径》研究报告称：中国经济在由高速增长阶段转向高质量发展阶段迎来诸多机遇，其中最大的机遇就是以信息技术为代表的新一轮技术革命来势迅猛、方兴未艾。回顾历史，无论是国家还是企业，谁能抓住新一轮重大技术革命的浪潮，谁就可以后来居上、脱颖而出。而在当前新一轮科技革命引发的技术创新浪潮驱动下，我国新技术、新产业、新业态、新模式蓬勃发展，带动着新一轮产业结构调整和产业升级，不断释放出经济高质量发展的新动能。

围绕传统产业数字化转型有以下几点注意，第一，传统产业的数字化转型和利用新技术发展新经济同等重要。一方面，要高度重视发展新经济；另一方面，要更加重视在国民经济中占大头的传统产业，利用新技术革命带来的机遇推动产业转型升级。传统产业数字化转型，对我国经济发展方式转换和高质量发展具有重要战略意义。第二，传统产业的数字化转型既是技术的转型，又是商业模式的转型。当前，很多传统产业在探索不同的数字化转型路径，有的推出新产品，有的推出新服务方式，有的推出新商业模式，有的生产过程发生了重大变化，很多时候技术升级和商业模式的转型是交织在一起的。数字化转型的

方式多种多样，而且这种变化才刚刚开始，更深刻的变化还在后面，需要市场不断探索。第三，传统产业的数字化转型需要在多方面营造良好环境。比如，要有鼓励创新的环境，要有一整套体制、机制引导社会把更多地资源投向创新活动，要有包容创新的监管理念、监管办法引导和鼓励传统产业的数字化转型，让创新成为新时代推动经济发展最重要的动力。

数字化转型的广泛应用将给我国传统产业带来诸多益处。其中包括：加快 IT 系统更新迭代，提升业务敏捷度；优化生产过程，提高生产效率；延伸产业链长度，扩展服务环节，为传统产业带来更多价值。针对传统产业的数字化特点和四个发展阶段，报告中提出了数字化转型分步实施的路径，同样分四个阶段：第一阶段（2018—2020 年）开展数字化转型试点，第二阶段（2021—2025 年）推进中小企业进行数字化转型，第三阶段（2026—2030 年）实施企业内到行业的集成，并于第四阶段（2031—2035 年）最终实现完整的数字生态系统的构建。

当前，企业数字化转型不是选择，而是唯一出路，是关系企业生死存亡的关键。企业应紧贴行业发展趋势和市场需求，提出完整的数字化转型解决方案，实现更多价值。

（二）数字经济开始融入城乡居民生活

根据中国互联网络信息中心报告，网络环境的逐步完善和手机上网的迅速普及，使得移动互联网应用的需求不断被激发。

2020 年初，受新冠肺炎疫情影响，大部分网络应用的用户规模呈现较大幅度增长。其中，在线教育、在线政务、网络支付、网络视频、网络购物、即时通信、网络音乐、搜索引擎等应用的用户规模较 2018 年底增长迅速，增幅均在 10% 以上。截至 2020 年 3 月，我国在线教育用户规模达 4.23 亿，较 2018 年底增长 110.2%，占网民整体的 46.8%。2020 年初，全国大中小学校推迟开学，2.65 亿在校生普遍转向线上课程，用户需求得到充分释放，在线教育应用呈现爆发式增长态势。截至 2020 年 3 月，我国网络购物用户规模达 7.10 亿，较 2018 年底增长 16.4%，占网民整体的 78.6%。2020 年 1—2 月，全国实物商品网上零售额同比增长 3.0%，实现逆势增长，占社会消费品零售总额的比重为 21.5%，比上年同期提高 5 个百分点。截至 2020 年 3 月，我国在线政务服务用户规模达 6.94 亿，较 2018 年底增长 76.3%，占网民整体的 76.8%。

互联网的普惠、便捷、共享等特性，已经渗透到公共服务领域，也为加快提升公共服务水平、有效促进民生改善与社会和谐提供了有力保障。

（三）数字经济正在变革治理体系

数字经济带来的新产业、新业态、新模式，使得传统监管制度与产业政策遗留的旧问题更加突出，但发展过程中出现的新问题更加不容忽视。一方面，数字经济发展，促进了政府部门加快改革不适应实践发展要求的市场监管、产业政策，如推动放管服改革、完善商事制度、降低准入门槛、建立市场清单制度、健全事中事后监管、建立"一号一窗一网"公共服务机制，为数字经济发展营造了良好的环境。另一方面，数字经济发展也在倒逼监管体系的创新与完善，如制订网约车新政、加快推进电子商务立法、规范互联网金融发展、推动社会信用管理等。当然，数字经济也为政府运用大数据、云计算等信息技术提升政府监管水平与服务能力创造了条件和工具。

四、数字经济推动新业态与新模式不断涌现

我国数字经济的后发优势强劲，其中快速发展的互联网和正在转型升级的传统产业相结合，将会迸发出巨大的发展潜力，不断涌现出新业态与新模式。

（一）我国在多个领域已加入全球数字经济领跑者行列

近年来，我国在电子商务、电子信息产品制造等诸多领域取得"单打冠军"的突出成绩，一批信息技术企业和互联网企业进入世界前列。腾讯、阿里巴巴、百度、小米、京东、滴滴出行等多家企业位居全球互联网企业20强。中国投而丈通服分心成书球领导者，年化按需交通服务次数达40亿次以上，在全球市场所占份额为70%。

（二）我国分享经济正在成为全球数字经济发展的排头兵

近年来，我国分享经济快速成长，创新创业蓬勃兴起，本土企业创新能力凸显，各领域发展动力强劲，具有很大的发展潜力。国家信息中心发布的《中国共享经济发展年度报告（2019）》，从市场规模、市场结构、就业和市场融资等方面全面反映了2018年我国共享经济的最新发展态势，并首次定量分析了共享经济对主要生活服务业的影响。共享经济推动服务业结构优化、快速增长和消费方式转型的新动能作用日益凸显。

（三）互联网金融进入规范发展的新时期

互联网与金融业务的融合既产生了多种互联网金融业务模式，又通过这些业务模式积累数据，为金融领域的科技运用打下了基础。

从互联网平台和金融功能两个核心要素出发，目前互联网金融大体可归为以下四类：第三方支付、网络融资、网络投资、网络货币。

第三方支付平台的收益主要来源于交易佣金、企业策划收入和沉淀资金利息。2018年，我国第三方移动支付交易规模达190.5万亿元，同比增速58.4%。仅2019年前三季

度，第三方移动支付交易规模达166万亿元。由此可见，人们在日常生活中使用移动支付的习惯已经养成，第三方移动支付渗透率达到较高水平，市场成倍增长的时代结束。

我国互联网保险起步较早，发展情况也比较好，互联网保险的渗透率处于全球领先的地位。2015年，监管部门制定了相关制度，但近年来，无论是互联网技术，还是保险业的发展，均发生了巨大变化。

第三节　数字经济时代的商业模式创新

一、数字技术重构商业模式

商业模式是指企业创造利润的逻辑范式，即企业在一定的价值链或价值网络中如何向客户提供产品和服务，并获取利润。商业模式创新是改变企业价值创造的基本逻辑，既可能包括多个商业模式构成要素的变化，也可能包括要素间关系或动力机制的变化。

第一，数字化技术重新定义了企业的价值链。互联网经济时代通过将实物信息化提高了信息传递效率，但虚拟经济在实物刻画方面的局限性制约了互联网经济的进一步发展。数字经济将线上的虚拟经济与线下的实体经济有机融合重塑价值链，成为商业模式创新的方向之一。此外，智能化技术，信息技术和数字化技术赋予了企业覆盖长尾需求的能力，确保消费者与企业之间的连接，将产品型号和设计由一刀切变成了定制化、个性化，与传统经济、互联网经济相比，数字经济更强调生产和消费之间的互动性，通过差异化产品提升企业的盈利能力。

第二，数字化技术重新定义了企业和消费者的关系，将企业与消费者之间的关系从"买卖关系"升级成为"服务关系"。产品本身只是价值链条上的一环，所创造的利润远不如后续深度服务创造的利润。如现在的"软件服务"和"服务器租赁"，产品购入价格很低，甚至免费，但后续使用的技术支持费用极高。企业的利润不仅源自产品，更源自对消费者数据的进一步加工利用。现代企业热衷于推广免费服务和补贴不盈利的项目，实际上是为了获取用户流量，流量本身就是由数据构成，是价值链上的重要一环。

第三，数字化技术重新定义了渠道。互联网在加速信息流动、放大数据量的同时，也增大了信息量，很大程度上缓解了信息不对称的问题，挤压了渠道商的套利空间。由于互联网的共有属性和网络连接属性，消费者能够迅速获得其他企业和消费者传递的信息，价格信息和产品质量信息能够透明化，消费者拥有了准确决策的信息基础，传统渠道商的作用和地位被削减，依赖于产品本身质量和服务的口碑式营销的重要性日益增加。

随着大数据、人工智能，移动支付等技术日渐成熟，电子商务"新物种"层出不穷，生鲜电商、无人零售，社交电商、优品电商等新模式、新业态快速发展。就生鲜电商来看，新兴业态涵盖生鲜配送平台、生鲜超市+餐饮、社区生鲜便利店等多种形式。就无人零售领域来看，猩便利、盒马鲜生、淘咖啡、缤果盒子、EATOWN、24爱购、Take Go等无人货架、无人便利店层出不穷。就社交电商来看，"网红+电商""直播+电商"等模式的消费者流量占比逐渐增加，以有赞、京东微店、云集微店等为代表的社交电商平台，以小红书、美丽说、蘑菇街等为代表的微商平台，以拼多多等为代表的拼团社交电商日益兴起，分流效果显著。

二、协同经济：数字经济时代的O2O模式

（一）协同经济

协同效应原本是一种物理学现象，是指两种以上的组分相加或者调配在一起，所产生的作用大于各种组分单独应用时的作用之和，即"1+1>2"的增效作用。协同经济是一种经济现象，数字经济时代，协同经济的重要性日益凸显，主要表现在"由竞争转向竞合"与"线上线下融合"两个趋势。

2013年，马云首提搅局金融以来，金融创新企业与传统金融企业之间展开了市场博弈，其激烈程度不可言状。有些人曾预计，这种商业竞争弥合无望。但事实却相反，随着技术的发展和对商业模式的不断探索，创新型企业和传统金融机构从竞争走向了竞合。2017年，四大行先后宣布与互联网巨头深度合作。2017年3月，中国建设银行和阿里巴巴蚂蚁金服宣布开展战略合作，双方将实现二维码支付互认互扫；2017年6月，中国工商银行和京东金融签署了金融业务合作框架协议，双方将在金融科技、零售银行，消费金融等领域展开全面深入合作；2017年6月，中国农业银行与百度签署战略合作，共建"金融科技联合实验室"，基于大数据分析挖掘，提升精准营销、客户信用评价、风险监控等能力。2017年9月，中国银行与腾讯签署了全面战略协议。数字经济时代，协同才能共赢。

在企业间的协同领域，人工智能、大数据、云计算等技术的成熟及应用，推动了芯片、终端、内容、网络、平台和云化的协同发展，推动了企业的数字化转型，使得企业之间的协同更加灵活。例如，华为提出的云网协同，为工业、制造业等领域提供互联协同的解决方案，帮助企业构造畅通无阻的协同研发模式。2015年，华为帮助吉利汽车构筑无边界的协同平台。区块链技术的成熟也将推动产业链各环节之间的协同。此外，线上与线下融合、实体与虚拟协同正在成为商业市场中的趋势。下面将重点介绍O2O商业模式。

（二） O2O 商业模式

1. O2O 商业模式的特点

所谓 O2O 模式 (Online to Offline)，是指当前市场商务机遇的线下和线上结合，将移动互联网市场指引到实体市场的一种电商模式。前几年，在移动互联网技术的快速发展下，O2O 模式大行其道，主要表现为两种现象：一种是线下的企业试水线上，如优衣库加大线上渠道的销售，以及瓦达集团探索电子商务；另一种是线上的企业试水线下，如聚美优品开设实体旗舰店。而近两年，线上和线下加深融合，出现线下实体和线上虚拟店协同发展的趋势。例如，阿里巴巴提出的"新零售"，京东提出的"零售革命"，其本质都是线上线下的融合、实体虚拟的协同。马云曾指出："如果电商不做这一模式必将失败，这一模式日后必定横扫天下。"

阿里巴巴的成功是依靠 B2B (Business to Business) 和 B2C (Business to Customer) 模式获得的，但这并不代表电商将来可以完全取代实体市场。随着移动互联网时代的发展，阿里巴巴各大产业逐渐从线上向线下拓展。以往的电商是将传统实体市场拉上线，在线上获得更大的利润；而数字时代的电商模式不是线上取代线下，而是线上线下的深度结合。O2O 模式恰恰是符合这一市场特点的商业模式。

O2O 模式中移动互联网成了一个交易平台和信息中心，将线上的顾客引导至线下消费，如此这般的优势在哪里呢？虽然线上发展迅速，但是线上服务一直无法实体化。换而言之，无论线上叫得多亲热，无论称呼多少个"亲"，也无法与实体市场中的产品和服务相提并论。而 O2O 模式等于在传统电商模式之上大大增加了实体服务，因此线上的 O2O 模式更容易吸引线下的客户。

O2O 模式将成为未来移动互联网的主要模式。移动互联网时代不仅仅是从线下走到线上的时代，同样也是从线上走向线下的发展。O2O 模式就像移动互联网时代的一个闭环商业模式，不仅具备了经典的线下到线上的提升，同时也完成了在移动互联网的未来发展中具备非常广阔的前景。

2. O2O 模式的应用创新

（1） O2O 与 LBS 的结合

基于位置的服务 (Location Based Services，LBS)，是利用各类型的定位技术来获取定位设备当前的所在位置，通过移动互联网向定位设备提供信息资源和基础服务。当前移动互联网市场中与 O2O 模式结合最密切的当属 LBS，导航、地图等移动终端软件都是基于 LBS 模式之上开发的。O2O 模式盈利方式之一就是抓紧用户的零散消费，而这一特点就是利用 LBS 体现的。

目前智能手机已经覆盖到绝大部分用户，很多 APP 乃至微信小程序都已开通或要求开通相应的定位权限。抛开隐私问题，对消费者位置信息的跟踪催发了各种新的商业模式，如"签到"（LBS+生活娱乐）、"分享"（LBS+生活服务、在线旅游以及在线游戏）模式。通过 O2O+LBS，最先直接催生了基于地址信息追踪的业务。如滴滴打车借助于位置信息的跟踪，能够快速匹配打车服务的供给和需求，从而推动了出租车行业与"互联网+"的深度结合。这类模式其他的典型应用还有在线地图业务（如高德地图、百度地图等）以及在线停车业务。除了广告之外，普遍讨论比较多的方式是借助这类服务实现消费引导，如根据消费者位置，实时提供在线 O2O 服务推荐。

（2）O2O 双线模式

所谓双线模式就是指综合利用 O2O 线下线上的销售优势进行统筹创新的新模式。现在很多企业都在做这种电商模式，线上有自己的销售渠道，线下也有自己的品牌代理。这种将实体店与网店有机结合的方式被称为双线 O2O 模式。具体包括以下四种模式。

模式一：先线上后线下模式。

所谓先线上后线下模式，就是企业先搭建起一个线上平台，例如江湖科技作为业内知名的 O2O 系统开发商，以这个平台为依托和入口，将线下商业流导入线上进行营销和交易，同时，用户借此又到线下享受相应的服务体验。这个平台是 O2O 运转的基础，应具有强大的资源流转化能力和促使其线上线下互动的能力。在现实中，很多本土生活服务性的企业都采用了这种模式。比如，腾讯凭借其积累的资源流聚集和转化能力以及经济基础，构建的 O2O 平台生态系统即是如此。

模式二：先线下后线上模式。

所谓先线下后线上模式，就是企业先搭建起线下平台，以这个平台为依托进行线下营销，让用户享受相应的服务体验，同时将线下商业流导入线上平台，在线上进行交易，由此促使线上线下互动并形成闭环。在这种 O2O 模式中，企业需自建两个平台，即线下实体平台和线上互联网平台。B2B 电子商务的基本结构是：先开实体店，后自建网上商城，再实现线下实体店与线上网络商城同步运行。在现实中，采用这种 O2O 模式的实体化企业居多，苏宁云商所构建的 O2O 平台生态系统即是如此。

模式三：先线上后线下再线上模式。

所谓先线上后线下再线上模式，就是先搭建起线上平台进行营销，再将线上商业流导入线下，让用户享受服务体验，然后再让用户到线上进行交易或消费体验。在现实中，很多团购、B2B 电商等企业都采用了这种 O2O 模式，比如京东商城。

模式四：先线下后线上再线下模式。

所谓先线下后线上再线下模式，就是先搭建起线下平台进行营销，再将线下商业流导入或借力全国布局的第三方网上平台进行线上交易，然后再让用户到线下享受消费体验。这种O2O模式中，所选择的第三方平台一般是现成的、颇具影响力的社会化平台，比如微信、微淘、大众点评网等，且可同时借用多个第三方平台，这样就可以借力第三方平台进行引流从而实现自己的商业目标。在现实中，餐饮、美容、娱乐等本地生活服务类O2O企业采用这种模式的居多。

（3）团购优惠模式

这是一种相对老套的O2O模式，也是O2O的鼻祖模式。但是我们可以发现，自从这种模式出现之后就一直独树一帜，而且实力越发雄厚。这就代表O2O团购优惠模式是一大优势，而且必然发挥无穷的潜力。

这是针对消费者心理推出的一种模式，这种模式在未来的移动互联网市场必将持续很久的时间，直到中国大众的消费价值观产生变化。因此，这种O2O模式也是未来移动互联网时代的主要电商模式。

上面就是未来电商市场中不可缺少的O2O模式，这些模式是经典的，但是这些模式产生的重要性是不可忽略的。在不久的将来，移动通信即将进入5G时代，实施通信更加迅速，"物与物""物与人"之间的通信将取代"人与人"成为未来的主要通信模式。世界更加智能，商业模式亦会演变。而O2O作为连接线上线下资源的一种模式，必将占据一席之地。

三、平台经济：数字经济时代的免费模式

平台是双边市场、多边市场的产物，它必须借助移动互联网的优势。平台经济的特点是开放、服务最大化，并提供部分免费服务。在数字经济时代到来之前，简单的物理平台在商业上的作为平平；而今天，数字经济借助平台的形式成就了一大批企业，其中既有创新型企业，也有传统企业。平台具有如下三个特点："开放"可以让平台经济企业赢得更多的市场份额，提升竞争力和效率；发展平台经济须坚持服务最大化，既赋能消费者，又赋能生产者；发展平台经济要理性地思考免费与收费的关系。

平台经济是双边市场、多边市场的产物，开放和服务最大化是其本质特点和核心优势，"免费"只是开放和服务最大化带来的边际效应。但如果本末倒置，将"免费"等同于平台，把"免费"看作平台必然的产物，则会对数字经济健康的创业生态造成伤害，因为这背离了经济学原理。无论是马云的淘宝、马化腾的QQ，周鸿祎的360杀毒软件，还是百度、搜狐、新浪、网易的搜索引擎，无不凭借数字化的特有优势，通过免费的成功导

流，获得了海量的用户。在互联网和物联网年代，从某种意义上来说，拥有用户就拥有定价权。当今，免费的模式层出不穷：硬件收费、软件免费；软件收费、硬件免费；此项收费、其他项免费；何时免费，何时收费。免费的商业模式隐藏着哪些商业风险，免费模式如何向收费模式良性过渡，如何维持健康可持续的企业运转？都是平台企业需要考虑的问题。理性思考免费与收费，是平台经济发展中值得注意的一种策略。

（一）免费模式的含义

以往，"商业"一词一直和"利益"紧密相连，但是随着时代的发展，现在越来越多的企业开始走上了"免费模式"的道路。这些企业并非义务向市场提供资源，恰恰相反，其最终目的是为了获取更多、更大的利益。

自从互联网开始盛行免费商业模式以来，这一商业模式就开始被更多人重视。当进入移动互联网时代以后，人们发现免费模式已经成为当代企业发展必不可少的商业元素，并且想尽一切办法打造自己的免费战略，隐藏自己的收费本质，并期望获得事半功倍的效果。

数字经济时代的到来，使得很多产品与服务具有"零边际成本"的特点。借助这一特点，很多行业纷纷采用了免费模式。其中以杀毒软件市场和手机通信市场比较典型。

在杀毒软件行业，其主要成本在于开发一款基本产品，在此之后的产品生产基本没有成本。因此，在国内 360 杀毒软件率先突破传统的收费模式转变为免费模式，免费让互联网用户使用 360 杀毒软件，而针对附属产品——广告位收取广告费用，并以此为主要盈利点。

在手机市场，曾经国内三大电信运营商都在举行"0"元购机活动，无论多么高端的手机只要选择了相应的套餐就可以免费得到。虽然都是免费模式，但是和 360 杀毒软件的差异在于，国内三大电信运营商提供免费附属产品——边际生产成本很高的手机，而针对边际成本基本为 0 的通信服务进行收费。

这个世界当然没有免费的午餐，只不过在数字经济时代，"0 边际成本"产品或服务的出现，使得企业可以利用产品之间的关联性（或溢出性）巧妙地构建商业模式，实现企业和消费者收益的帕累托改善。就当前的市场形势而言，构建免费服务下的获利策略，需要企业按照一定的顺序、采用一定的策略才能打造成功。

（二）免费模式的种类

目前移动互联网市场中常见的集中免费商业模式如下：

1. 端口免费+深入获取模式

端口免费+深入获取模式是数字经济时代中最常见的免费模式。仍以电信运营商推广的"免费购机、套餐获利"模式为例，这种方式最大的特点就是长时间硬性链接客户，从而达到持续获利的效果。三大电信运营商出售的合约机都是定制的，消费者购买后只能使用相应的手机卡，默默接受被长期获利的现实。因此，这种免费模式具备一定的硬性概念。除了上述案例之外，目前许多商家和企业都在主打面向老会员的会员模式，并且推出各种优惠活动，例如充值满1000送500等，其本质上仍是硬性链接。无论多么优惠的活动，主要目的不是为了让顾客得到利益，而是为了在同一个顾客身上长期持续盈利。

2. 免费吸引客户+广告（增值服务）模式

这种从互联网时代兴起的模式非常老套，但却非常实用。在互联网时代刚刚到来之际，很多企业采用这种模式，向用户提供免费的信息、免费的高清电影甚至是免费的电影票，为的就是增加注册用户的数量。当用户数量增加到一定程度之后，收益就来了。在中国，大部分网站均采用"免费吸引用户+广告获利"这一模式，如早期的四大门户网站——新浪、搜狐、网易和腾讯，以及如今的中国互联网公司三巨头（BAT）——百度、阿里巴巴和腾讯旗下的许多服务也都是免费的。

3. 众包模式

所谓众包模式，就是把传统上由企业内部员工承担的工作，通过互联网以自由自愿的形式转交给企业外部的大众群体来完成的一种组织模式。在这一过程中，企业只需要为贡献者支付少量报酬，而有时这种贡献甚至完全免费。在互联网行业，维基百科是这一模式的典型应用。维基百科的内容基本由用户自己生成，而非像传统的信息门户网站其新闻内容主要由其员工制作产生。用户的数量相比于企业员工要高很多，而用户能力也相比企业员工更加多样化。因此，如果将用户的能力组织起来形成合力，制造同样内容所需要付出的成本以及质量都比员工自己制造要好。而众包这一模式能够充分利用用户的能力，尤其是在数字经济时代，企业能够借助数字技术，减少合作沟通成本。

以上三种是目前数字经济时代最常见的免费模式。这三种模式有本质区别，但无层次之分，也就是说，企业想要打造自己的免费商业模式，以上三种类型均可供参考。免费模式既可以确保企业固守现有市场，也可以帮助企业统摄未来局势。但值得注意的是，在如此飞速发展的一个时代，完全的复制并不能为企业带来成功，任何免费的商业模式都要具备自己的特色。

（三）免费模式的实施条件

企业要想打造高端的免费模式就需要清楚自己的商业本质，并且制定合理的免费战略规划。有资金、有实力的企业离不开免费模式，但并不是所有的强势企业都可以通过免费模式获得成功。当前移动互联网市场的免费模式需要满足以下三个条件。

1. 具备可延伸、可发展的产品空间

以 APP 市场为例，手机制造商销售了手机后又向用户免费提供了 APP 市场，用户从中可以免费下载很多软件，但是其中不乏收费软件。这种利用免费模式获利的方式更持久、更具企业黏性。从中我们可以看出，企业想要利用免费模式获利必须同时思考如何延伸，如何拓展产品发展空间，以便日后持久获利。

腾讯依托社交软件进入支付和游戏业务领域，利用"免费+收费"模式盈利。腾讯的社交软件——微信和 QQ 为腾讯公司带来了巨大的用户数量和日均活动人数，而社交软件的网络效应进一步锁定用户，提高用户黏性，这为腾讯带来了大量的流量。传统的流量变现方式是通过广告实现的，但由于频繁出现的广告会降低消费者体验，腾讯则利用大数据技术实现广告精准投放，试图达到用户体验与盈利的平衡。然而精准投放的广告依然是广告，并受限于法律和技术，无法确定消费者是否真正需要推送的广告信息，于是腾讯采用打造跨界生态圈的方式变现流量，通过展开支付业务，充分利用腾讯在社交软件上的优势，提供移动支付服务，通过收取服务费和资金滞留利息的方式将流量变现。此外，腾讯还通过拓展游戏业务实现流量变现。

2. 合理制定免费与收费的比例分配

以中国互联网时代免费模式的鼻祖奇虎 360 公司为例，其在发展初期曾面临巨大的压力。当时 360 公司打着"永久免费"的旗号迅速占领了互联网杀毒软件市场，短时间内用户就突破了 3 亿人，这个数字给 360 公司内部运行增加了负担也带来了损失，直到 360 公司靠着深厚的客户资源占据了中国互联网广告市场很大的份额之后才有所好转。从中我们可以看出，企业制定免费模式也是有风险的。很多企业把免费模式当作一种包揽客户的方式，盲目地认为只要利用免费模式抓住了客户就代表产生了利润，其实在现实运作中一切并没有那么顺利，中间的缓冲期、风险期都是急需要企业独自面对的。这说明，企业必须了解自身规模，并将免费模式与收费模式分配得当，预测出风险期，提前做好风险预防工作，才能够构建免费商业模式。

3. 具备多结构的产业主体

简单地说，企业提供免费模式往往只针对产业主体的一部分。以著名的剃须刀生产企业吉列公司来说，吉列公司以低价提供刀架，但以高价销售刀片，虽然是一个整体，但是却可以多结构出售。只有这样，才能够完成免费模式的第一步。值得注意的是，多结构模式是指产业主体可以自由分割而不是硬性切除的。以卖鞋子为例，如果免费送给消费者一

只，再高价出售另一只必定会招来各种谩骂。

四、长尾经济：数字经济时代的小众模式

（一）长尾经济

工业经济时代，生产规模越大，单位成本就越低，效益则越好，这就是规模经济。规模化量产、产品品类相对集中，是制造业获利的重要手段。反之，产量少、品类多，制造型企业就难以生存。而数字经济时代，出现了新的市场规律：品类多、产量少，企业整体还可以获利，尤其是软件类、服务类企业，这就是长尾经济。

数字经济让长尾经济成为可能。科技创新将大规模市场转化为无数的利基市场，只要存储和流通的渠道足够大、足够多，小众商品占有市场份额的总和甚至可以比肩少数几种大众热卖品的市场份额。例如，在线音乐零售商 Rhapsody 网站的日常下载量的一半为少数畅销音乐，而另一半则为林林总总的小众音乐。从长尾理论的模型可知（见图 2-1），畅销品的销量曲线所覆盖区域的面积和利基市场产品无限趋向触底的销量曲线所覆盖的面积大致相等。数字经济的发展加速了长尾市场的商品流动性。

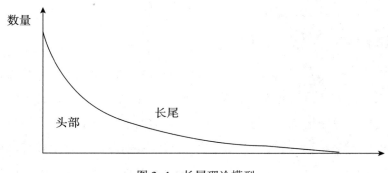

图 2-1　长尾理论模型

（二）数字经济时代的小众商业模式

以亚马逊为例，有超过 10 万个独立卖家在其网站上开店自行销售，大大增加了亚马逊的产品种类，使其迅速获得了长尾市场强大的"尾部"力量。这些第三方卖家给亚马逊带来了 40% 以上的营业收入。一家大型书店通常可摆放 10 万本书，但亚马逊网络书店的图书销售额中，有四分之一来自排名 10 万以后的书籍。这些"冷门"书籍的销售比例正在快速增长，预计未来可占销售总量的一半。从前在传统渠道卖不动的书，在网店的销量很好。再以谷歌的广告业务为例，谷歌的广告业务 AdSense 携手以百万计的中小型网站和个人网页，大大降低了广告业务的门槛。在需求侧，作广告不再高不可攀，可以自助操

作、价格低廉，谁都可以作广告；在供给侧，对成千上万的博客网页和小规模的商业网站来说，在自己的页面上播一条广告不过是举手之劳。也许大众媒体和广告商对这类广告载体不屑一顾，而谷歌的 AdSense 却通过个性化定制的广告服务，形成了长尾广告市场。企业家要长袖善舞，交替利用规模经济和长尾经济建立商业模式。中国的淘宝，爱奇艺、网易云课堂等提供的服务和产品就是长尾。

当今时代，服务领域的企业应用数字技术，提供多品种服务，刺激了市场进一步释放形形色色、浩如烟海的需求。这种长尾经济模式，以"品种之多"带来的"需求之宽""数量之巨"，将赢得在市场竞争中胜出的美好机遇。这是在工业经济、规模经济时代所不可想象的。

第三章 数字经济时代技术创新与模式创新融合

新一轮科技革命引发了信息技术的爆发式增长，也奠定了数字经济萌芽的前提，除了技术快速演进，信息技术加速商业化的特征也是数字经济级数式增长的源泉。但不能忽视的是，在数字经济发展的过程中，模式创新一直是其独特和显著的标签，不论是互联网早期雅虎创造的免费广告模式Ⅲ、前几年风行的"专注极致快"的小米模式及其推动的硬件免费之争，还是当前风头正盛的共享经济，数字经济一直在改变着商业社会的规则。

数字经济从昙花一现到持续演进，靠的不仅是技术创新或模式创新，而是二者的深度融合。本章结合创新驱动发展战略，围绕技术创新与模式创新之间的融合，描绘新一轮科技革命中的融合创新特性。

第一节 技术创新与模式创新融合背景及特征

一、技术创新的背景与特征

技术创新是原创性科学研究和技术创新的总称，是指创造和应用新知识、新技术、新工艺，采用新的生产方式和经营管理模式，开发新产品，提高产品质量，提供新服务的过程。

技术创新是国家创新体系的重要内容。国家技术创新体系是以政府为主导、充分发挥市场配置资源的基础性作用、各类技术创新主体紧密联系和有效互动的社会系统，目前，我国基本形成了政府、企业、科研院所及高校、技术创新支撑服务体系四角相倚的创新体系。

科学技术应用转化不断加速是技术创新的重要表现。例如，创新科技计划组织方式，科研过程中的产业化安排，针对基础、前沿性技术研究和产业化技术研究的承担主体选择。

信息科学和技术、生命科学和生物技术、能源科学和技术、材料科学和技术、生物科学与技术是当前新一轮技术创新的典型代表。

技术创新是技术进步与应用创新协同的产物。在多主体参与、多要素互动的过程中，作为推动力的技术进步与作为拉动力的应用创新之间的互动推动了技术创新。当前，技术创新体现出以应用创新为拉动，实现技术进步与应用创新的良性互动，进而全面推动技术创新是知识社会的特征。

现代科技成果的应用周期越来越短，转化速度不断加快。蒸汽机从发明到应用花了80年的时间，从发现原子核裂变到爆炸原子弹只用了6年，红宝石激光器则不到1年。现代信息技术在短短的几十年中，经历了电子管、半导体、集成电路、大规模和超大规模集成电路5代的发展，性能提高了100万倍。

新技术、新产品的更新速度越来越快。从20世纪50年代兴起的信息技术，基本一直遵循18个月技术能力翻一番的"摩尔定律"。随着信息技术与其他产业的融合发展，摩尔定律不断渗透向更广泛的领域。据统计，10年左右，工业新技术就有30%被淘汰。

二、模式创新的背景与特征

模式创新主要指商业模式创新，即企业盈利的途径和方法，涉及企业组织、文化、资源配置的全方位、深层次创新。相对于技术创新和产品创新等"硬创新"，模式创新是一种"软创新"。简单来说，主要是通过改变发展目标、组织形式、资源整合方式，拓展市场空间等手段，变革价值链流程，为技术、产品等寻找新的价值实现空间。例如，通过整合产业链制造智能手机，实现了资源整合方式的改变；通过淘宝开网店开拓零售业空间，实现了市场空间的拓展；通过从卖软件转向卖服务，实现了销售渠道的改变。

模式创新具有全产业链协同性。模式创新与技术、产品创新的本质区别在于其具有整体性。模式创新可由单一要素引发，但并不仅限于单一要素的变化，而是表现为多项要素相互协同变化。

模式创新是信息传递的价值体现。模式创新实际上是发现和识别市场机会的市场知识、开发新产品满足市场需求等多种经营活动、研发活动的综合体现，是企业家个人独创性的洞察力和创新活动整合到新产品中的能力，将企业生产的知识产品推向市场以及传播知识的能力。

模式创新的立足点是用户需求管理。模式创新注重从市场和客户的角度出发，更外向和开放，更多注重和涉及企业经济方面的因素。开放式平台的搭建，为企业真正加强用户洞察能力、整合能力提供了全新的渠道，逐步实现将数据转化为资产。

三、技术创新与模式创新融合的含义与特征

技术创新与模式创新融合是指将技术创新与模式创新相集成并充分发挥其互动作用，从而增强研发生产、决策管理、市场营销、资源掌控等多方面能力，实现技术创新、产品种类、产品质量和产品价值的全方位提升。

自工业革命以来，产业经济发展基本上遵从技术创新获得利润、性价比拼占领市场的范式推动，技术创新一直是企业获得市场竞争力的重要方式。随着互联网技术迅速发展和贸易自由化不断加深，技术溢出效应不断增强，技术创新的模仿壁垒和垄断利润急剧下降，技术创新主导的企业盈利模式被打破，技术创新与模式创新融合互动作为一种新的创新形态，成为企业参与市场竞争的利器。

技术创新与模式创新融合的特征包括四个方面：

（一）硬创新与软创新相结合

既注重产品创新、技术创新等硬实力创新，也注重流程优化、制度组织、资源配置等软实力创新。近年来，工业互联网和智能硬件的发展逐渐兴起，技术创新、产品创新甚至服务创新逐渐与制度创新、组织创新结合的趋势日益凸显，技术创新的微小化和专业化，要求生产组织方式更加平台化和柔性化，带来了消费对象、营销渠道的变化，而市场的变化又反过来改变了对产品和服务的需求类型。总之，由研发、生产、营销、流通等环节共同构建的创新链，正向着硬创新与软创新相结合的方向演进。

（二）提高自身发展能力与增强外部资源配置能力相结合

既注重通过创新提升创新主体自身发展实力，也注重对外部资源及产业链上下游的创新利用，提高资源调配能力。技术创新着重提升技术研发水平和工艺技术，更多是行业或企业内部的行为和活动，通过互联网、云计算等新技术充分利用外部资源，才有可能实现创新倍增效应。

（三）增强供给能力与满足用户需求相结合

既注重从生产端着手，提高技术先进性和产品生产的数量、质量，也注重以用户需求为目标，并据此反馈调整供给能力。技术创新更注重从生产和服务的供给环节突破，即着重创新的上游环节，而模式创新直指用户市场，二者的结合能够实现供给与需求能力相结合。

（四）重点环节创新与产业链全流程创新相结合

既注重关键核心环节的提升，发挥其引擎作用，也注重产业链全流程的协同创新，弥补短板，发挥乘数作用。技术创新主要集中于产业链的上游环节，而模式创新是面向市场的逆向创新，可能影响产业链全部环节，有助于实现重点环节与产业链流程创新结合。

第二节 技术创新与模式创新融合的一般方式

一、技术创新推动模式创新的方式

一方面，技术创新为模式创新提供基础和支撑。新技术或新产品进入市场的初期，价格较高，为了平衡高价格给消费者带来的风险，模式创新应运而生，拥有先进的核心技术是模式创新的前提，具体包括促进企业生产流程创新、客户价值创新等。

另一方面，技术创新驱动模式创新。新的商业模式往往围绕技术创新产生，新技术可以促进企业销售模式、商业生态系统等方面创新。如云计算既是技术也是商业模式，不同的公司建立不同的云计算商业模式。谷歌以信息搜索服务的方式从广告获得收益，而微软则通过"云+端"实现云端软件与用户端无缝连接。

二、模式创新引领技术创新的方式

一方面，模式创新有效带动技术创新及其转化应用。技术创新往往伴随着更高昂的成本、稀缺的配套资源和低下的市场认同度。在新兴产业领域，技术和商业模式都处于探索阶段，更需要有活跃的模式创新来配合技术研发创新和应用推广，以此推动科技成果转化、加快研发资金周转速度。

有理论指出，商业模式分为九个基本构造块或要素，具体如下。

①客户细分（Customer Segment）：指企业或机构所服务的一个或多个客户分类群体；②价值主张（Value Proposition）：指通过价值主张解决客户难题和满足客户需求；③渠道通路（Channel）：指通过沟通、分销和销售渠道向客户传递价值主张；④客户关系（Customer Relationship）：指在每一个客户细分市场建立和维系客户关系；⑤收入来源（Revenue Stream）：指产生于成功提供给客户的价值主张；⑥核心资源（Key Resource）：指提供和交付先前描述要素所必备的重要资产；⑦关键业务（Key Activity）：指通过执行

一些关键业务活动，运转商业模式；⑧重要合作（Key Partnership）：指有些业务要外包，而另外一些资源需要从企业外部获得；⑨成本结构（Cost Structure）：指商业模式上的述要素所引发的成本构成。因此，通过细分客户群体、产品价值提升、转换销售渠道、增强用户交互、加强企业合作关系等模式创新方式，进而推进企业的技术创新。

另一方面，模式创新引领技术创新方向。模式创新的核心价值在于最大程度地满足客户需求。协同创新的实现需要技术创新同样从客户需求出发，针对客户群体的不同需求，以技术创新优化和提升企业组织和技术结构。在此基础上，模块化技术创新更能帮助企业应对客户需求的多样化。

三、技术创新与模式创新融合的模式分法

IBM 商业研究所和哈佛商学院从企业的基本经营方法划分商业模式，即用户价值定义（Customer Value Proposition）、利润公式（Profit Formula）、产业定位（Value Chain Location）、核心资源和流程（Key Resources&Processes）。

在此基础上，可将技术创新与模式创新融合划分为四种模式，即盈利创新模式、组织创新模式、业态创新模式和市场反馈创新模式。如图 3-1 所示。

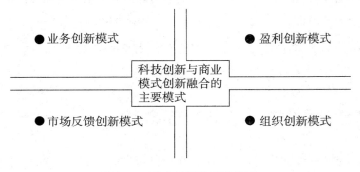

图 3-1　融合创新的四种模式

（一）盈利创新模式

盈利创新模式通过改变企业向用户提供的产品、服务及企业的销售渠道等价值要素的种类或组合方式来改变企业的收入来源、成本结构、利润组成等利润方程组成要素。盈利创新模式主要有两种表现形式，一是通过技术创新推出可扩展性的基础产品，在以后的使用中，用户需要购买其后续的产品或服务搭配以实现基础产品的各种功能，厂商通过基础产品的出售获得一次性利润，同时搭配后续拓展产品的出售获得稳定的持续性利润，实现一次性与持续性收入相结合；二是改变价值链的方向，以客户的需求为价值链的开端，然后整合资源，实现客户价值，由出售单一产品变为出售一整套服务型解决方案，以此获得

增值性的持续利润,持续性收入替代一次性收入。盈利创新模式流程如图3-2所示。

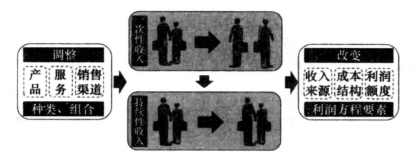

图3-2 盈利创新模式流程

(二)组织创新模式

组织创新模式是指企业为整合业务、提升管理效率,创造新商机,通过垂直整合、出售外包、开放平台等方式,改变一个企业各部分关系及其在产业链中的位置和充当的角色。组织创新模式的主要形式有以下两种。

一是从内部改变企业的组织架构。它表现为不再将原企业组织中的各个单位都视为具有等级概念的名称,而是在保留核心部门的情况下,将非核心部门外部化,即独立出去。他们相互之间的关系,不是以前的命令与控制的关系,而是契约关系。这样,各个单位都会对组织效益负责,而且有创造性的企业精神得到了鼓励。

二是从外部改变产业生态环境——构建生态圈。构建生态圈是指形成(或按规划将要形成)的以某一主导产业(企业)为核心的具有较强市场竞争力和产业可持续发展特征的产业多维网络体系,该体系包括专门从事产前的、产中的、产后的生产企业;横向的和纵向的配套、协作企业;龙头的和外围的企业;生产某种(些)相关特殊部件的企业等。

组织创新模式的流程如图3-3所示。

图3-3 组织创新模式流程

(三)业态创新模式

业态创新模式是指在企业模式创新进程中,通过基于技术创新的产品或服务创新,对本产业重新定义或催生新业态。在此模式下,企业实现业务领域或业务种类的拓展,这种创新或将会对本产业造成冲击，改变本产业的市场结构与竞争状态，或将建立一个全新的细分领域，形成一个新的价值网络。例如，IBM 通过推动智能地球计划和云计算重新整合资源，进入新领域并催生 IT 服务新业态，如商业运营外包服务和综合商业变革服务等；亚马逊向产业链后方延伸，为各类商业用户提供如物流和信息技术管理的商务运作支持服务，同时进入云计算领域，成为提供相关基础云服务的领军企业。业态创新模式的主要方式包括企业产业链资源整合和战略定位变革，从而实现产业跨界融合或价值链分解。业态创新模式流程如图 3-4 所示：

图 3-4　业态创新模式流程

（四）市场反馈创新模式

市场反馈创新模式就是企业通过创新生产和服务过程，使用户参与产品研发、制造、服务的各环节中，企业一客户关系从单纯的买卖关系转向买卖关系与合作关系并存，产品从单向流动向双向流动转变，服务从规模化、标准化向个性化、定制化转型。通过自建的电子商务平台等方式，企业实现产业链的深度整合和个性化服务，既培育了强大的产品黏性用户市场，又有助于直接迎合愈发个性化、高端化的客户需求。市场反馈创新模式流程如图 3-5 所示：

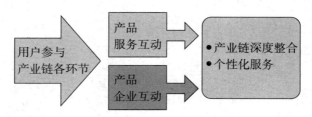

图 3-5　市场反馈创新模式流程

第三节　技术创新与模式创新融合的中国实践

当前，科技革命对人类生活和工业影响越来越大，且其深远程度非其他事物所能企及。每当科技变化发生时，其所产生的社会影响都十分巨大。例如，蒸汽时代催生了一大批工业、企业，交通工具从 3 ~ 4 英里/小时的马车跨越到了 30 英里/小时的火车，工业城市的诞生等改变了社会和经济结构。50 多年前，传递信息不仅缓慢，而且非常昂贵。互联网的发展加快了信息的流动，拉近了人与人之间的距离，科技发展重建了所有的物质性基础设施，孕育了一批新的信息技术企业。时至今日，科技发展的普及程度越来越高，技术创新成果应用的周期也越来越短，企业间的技术差距不断缩小，技术的壁垒也逐渐减弱，企业原本单纯依靠技术优势占领市场获得利润的盈利模式已不合时宜。这就面临如何使企业的发展方式适应新社会环境的问题，此时，技术创新与模式创新融合互动作为一种新的创新形态，被越来越多的企业看中，逐渐发展成为一种趋势，成为企业参与市场竞争的利器。我们总结出四种技术创新与模式创新融合的方式，并以融合创新成果较突出的几家典型企业为例，分别对每种创新融合发展的模式进行介绍。

一、盈利创新模式

盈利创新模式的核心是用持续性收入替代一次性收入。成立于 2002 年的北森测评，是国内目前最大的人才管理与测评解决方案提供商。相比金蝶、用友等 EHR 软件企业，北森在创立之初选择了人才测评这一细分市场，为企业招聘提供测评软件。由于市场需求有限，并处于市场培育阶段，业务也相对单一，2003 年北森测评销售额仅为 100 万元。经过不断反思、与客户沟通之后，北森测评很快便认识到企业消费门槛过高的问题。

在将互联网技术融入新产品的反复实验摸索后，北森测评决定从 2006 年开始转换销售方式，采用网上租赁的形式在线销售产品，同时还调整了收费方案——由 B2B 面向企业收费模式（以企业数计算）转变为类似 B2C 收费模式（以单人次数计算）按照使用次数收费。与以前一张光盘一项测评服务不同，在网上租赁更像是个在线的程序超市，用户可以自由选择产品组合。更重要的是，租赁模式降低了用户消费门槛，相比一次投入 5 万~10 万元不等的资金，租赁模式一人几十元次的使用费用获得了用户的青睐。一方面，消费门槛的降低使北森测评能够吸引更多的中小企业客户，增加了新客户；另一方面，低消费门槛使北森测评增加了大企业客户的使用频率，并通过次数累计不断提升收益。

新的盈利模式将用户数量作为一个乘数，使原本有限的市场通过乘数增加做到最大化，且将一次性的测评光盘收入变为持续性的使用收入。2008 年，北森开始向云计算转型，通过 SaaS 模式为客户提供人才测评系统，使这种按需收费的运营模式更加便利成熟。2010 年，北森正式推出国内第一个人才管理云计算平台——iTalento。从模式上看，该计算平台属于基于云计算技术的租赁式服务，企业可以根据自己的需要选择不同的解决方案；在收费模式方面，北森仍然采取了典型的云计算需求收费模式。10 余年来，北森始终坚持创新制胜的发展理念，运用国际先进的技术理念和互联网技术工艺，为企业提供最先进的人才管理理念和产品。2013 年，北森与经纬、红杉共同合作，投入巨额资本扩展平台提供用户服务，并获得了 2013 大中华区最佳人才管理软件服务商的荣誉称号。

如图 3-6 所示，北森测评公司通过在线销售创新软件收费方案——由原来以企业为单位的固定收费转变为按照使用次数收费，将一次性收入转变为持续性收入取得了巨大的成功。使用这一收费模式的前提是使用过程可被记录和量化，而互联网、云计算、大数据技术的不断创新恰好实现了软件使用过程、频率、强度的实时监控和记录，从而催生了北森的新盈利模式。

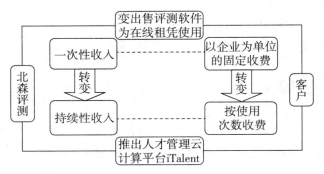

图 3-6　北森评测盈利创新模式

二、组织创新模式

联想是硬件公司"软化"改革的代表。联想成立于 1984 年，由中国科学院计算技术研究所的科技人员创办，2013 年已经坐上世界个人计算机制造商头把交椅。作为全球计算机市场的领军企业，联想从事开发、制造并销售可靠、安全易用的技术产品及优质专业的服务，帮助全球客户和合作伙伴取得成功。联想公司主要生产台式电脑、服务器、笔记本电脑、打印机、掌上电脑、主板、手机、一体机电脑等商品。自 2014 年 4 月起，联想再度着手强化了转型互联网业务的理念，成立了 4 个新的、相对独立的业务集团，分别是PC 业务集团、移动业务集团、企业级业务集团、云服务业务集团，并将 PC 业务和移动设备制造单列为 2 个板块，加强了企业级业务和云服务业务的比重。联想于 2014 年 10 月 15日成立的新互联网子公司，基于互联网平台打造，承载互联网模式智能终端和服务业务，帮助联想快速抢占了发展迅猛的中国智能终端市场。以用户的深度参与为核心，新的业务模式端到端地整合硬件、软件、应用和互联网服务，标志着联想向互联网转型又迈出了坚实的一步。调整主要是通过组织划分将大型企业分成小的单元，培养具有管理意识的领导，按照业务类型，让每个单元独立经营。让全体员工参与经营管理，从而实现"全员参与"的赋权式经营方式，同时通过会计核算报表让经营者能够及时、清楚地掌握企业经营情况。这样的经营模式更加适合互联网快速变化时代企业管理的需要，国内不少大企业（如海尔集团）都在实践这种管理理论。联想有可能会从"硬件设备制造商"转而成为一家真正的互联网高科技企业，开创更加广阔的未来。

如图 3-7 所示，联想通过扩大业务范围、缩小核算单元、全员参与赋权式经营，实现了组织结构的调整和重构，并得到了良好效果。

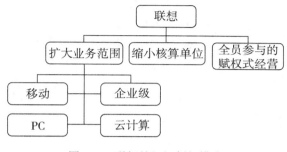

图 3-7　联想的组织创新模式

三、业态创新模式

（一）亿赞普：基于大数据技术的业务种类拓展

亿赞普作为跨境商贸企业，致力于大数据技术融合发展，不断拓展基于互联网与大数据的商贸支撑业务种类，推动了传统贸易行业基于大数据实现业态创新，成功完成由传统商贸企业向高技术企业转变。

亿赞普通过对自身战略定位改变，开创出 F2C（Factory to Consumer）模式，使购物流程实现了产品从海外工厂直接到中国消费者的互联。亿赞普在与国外电信运营商合作的过程中掌握全球贸易数据，结合大数据处理和数据分类研发领域的技术优势，提出"知识即服务"（KaaS）的新理念。亿赞普通过对跨国数据的收集及分析，不仅消解掉了横亘其间的信息不对称，而且陆续推出了互联网广告服务、效果营销方案、工厂直达用户解决方案等基于数据处理的服务业务，极大地拓展了业务种类。如图 3-8 所示，亿赞普的业态创新由三部分组成：一是建立各国消费者行为动态信息的数据库，了解国外市场需求、消费者偏好等商业信息，自 2012 年初以来，企业已和欧洲、拉美、亚太等地多家电信运营商签署了排他性合作协议，获得在多个国家和地区部署亿赞普云媒体平台的许可，实现了动态获取这些国家的消费者行为数据信息；二是依托海量数据存储系统，完成对目标国市场信息流的数据分析，亿赞普研发团队开发出了一套具有多维度数据分析能力的数据挖掘技术和人工智能算法，并成功将其应用到全球云媒体平台，同时继续加大技术研发投入，其中国际领先专利超过一半；三是基于分析结果为客户企业量身定制智能数字广告营销方案，结合与区域网站、目标国物流企业的合作，完成企业在目标国的商品广告投放和商品运营。

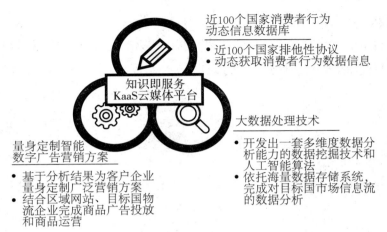

图 3-8　亿赞普业态创新模式

亿赞普作为跨境商贸公司，建立各国消费者行为动态信息的数据库，开发海量数据存储分析系统，最终基于分析结果为客户企业提供量身定制的广告、营销方案的经营方式，其实质就是依托大数据技术的创新，拓展商贸公司的业务种类，从而赋予跨境商贸新的业态。

（二）阿里巴巴：基于电子商务数据的业务领域拓展

创建于 1999 年的阿里巴巴最初作为全球领先的小企业电子商务平台，旨在打造以英语为基础、任何两国之间的跨界贸易平台，并帮助全球小企业拓展海外市场。随着公司技术的成熟，2003 年阿里巴巴集团成立了面向大众消费者的淘宝网，阿里巴巴集团作为集 B2B、B2C 和 C2C 这 3 种模式的电子商务公司，通过提供第三方支付、网络信贷等金融服务，带动了我国互联网金融新型业态的迅猛发展。

在成功聚合庞大用户基础、获得大量电子商务数据后，阿里巴巴的业务开始发生转向，如图 3-9 所示，以数据资源为基础，以数字技术为支撑，以系统服务为引领，阿里巴巴实现了从电子商务向云计算等多方向业务的拓展，实现了数字化决策的转型。在数据资源方面，阿里旗下拥有国内最大的 B2B、B2C 和 C2C 电子商务平台，核心业务是匹配和撮合商品交易，双边用户的互动过程本身伴随对支付和资金管理的需求，也积累了商业信誉、交易规模、收入支出等重要的金融信息。在数字技术方面，阿里巴巴已经具备相当的技术基础与相对完善的技术创新体系，除了典型的支付技术、通信技术外，阿里还掌握了分布式存储技术、大规模数据处理与分析、搜索引擎技术等一大批前沿技术。阿里巴巴通过整合产业链资源，开始跨界推出系统化的创新服务，实现互联网金融领域拓展。2013

年，基于阿里巴巴平台 10 多年交易数据积累，利用互联网技术，通过大规模运算和风险模型设计，阿里金融相继开发出余额宝以及阿里信用贷款、淘宝（天猫）信用贷款、淘宝（天猫）订单贷款等一系列阿里小额贷款产品。支撑阿里金融业务快速发展的是阿里巴巴庞大的数据资源和数据分析技术。数字化决策方面，分析技术作为阿里金融业务决策的核心部分，除了向公司的管理决策层提供科学客观的分析结果及建议外，还对业务流程提出优化改进方案。技术的创新发展使阿里巴巴建立了领先的消费者电子商务、网上支付、B2B 网上交易市场及云计算业务，在业务种类不断增多的同时，阿里巴巴近几年更是积极开拓无线应用、手机操作系统和互联网电视等领域，以期更好地满足用户需求。

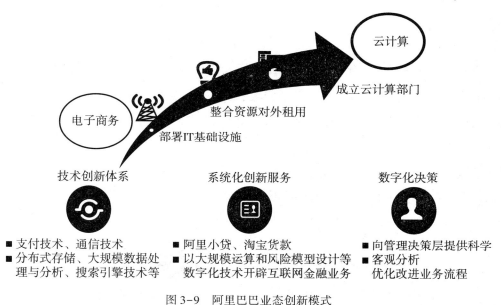

图 3-9　阿里巴巴业态创新模式

四、市场反馈创新模式

（一）青岛红领（酷特工厂）：用户与厂商双层互动

青岛红领瞄准现代精英男士群体对服装的高标准、独特性要求，以量身定制为核心，经过 298 多道工序、25 道整烫工序，从选料、面料处理、排版、裁剪、缝制到整烫运输，为顾客量体打造专属版型。通过运用大数据、云计算、智能制造等高技术工具，与传统西装制作流程相结合，融合创新了高档服装的生产方式，打造了"个性化、差异化、国际化、数字化"服装全定制的工业化流水生产线。

青岛红领在从售前到生产到售后的全过程中，充分体现了与科技的融合及与客户的互动，具体表现为以下五个方面。一是在售前，根据客户着装需求，提供全套着装设计方案。二是在量体方式上，采取数 10 个部位数据，数据实时录入系统，简单、便捷完成整个下单操作，区别传统套号试衣的量体方式，为客户提供个性化专业量体，精准、高效、一次成衣。三是在版型制作方面，将量体数据录入系统，系统自动生成版型，做到单量单版制作，这与青岛红领所拥有的全球最完善、庞大的西装版型数据库资源密切相关，上万亿个版型数据库可以满足覆盖全球 99% 以上的人体体型及需求。四是裁剪方式，采用自动裁剪设备，借助个性化定制平台系统实现个人服装不同面料、不同风格的单独裁剪，区别传统服装归号套裁的裁剪方式。五是 MES 生产系统，采用柔性生产系统，从设计、下单、排程、生产、质检到配送全过程信息化控制，实现不同款式、工艺、面料、尺寸的工业化流水生产。

青岛红领通过先进信息技术应用，实现了用户与厂商之间的双层互动，实现了直接从客户到生产端的 C2M（Customer to Manufactory）生产流程。这得益于几个要素：一是数字化 3D 打印技术，支持全球客户 DIY 自主设计，款式、工艺、价格、交期、服务方式个性化自主决定；二是研发设计程序化，通过系统建模、智能匹配，可满足 99.9% 消费者个性化需求；三是庞大的数据库系统，将来自全球的所有信息、指令、语言、流程等通过智能体系转换成计算机语言；四是数据云端共享，客户数据对生产流程完全打通、实时共享，员工从网络云端上获取数据，与市场和用户实现跨国界、多语言同步交互。图 3-10 展示了青岛红领的"酷特智能模式"。

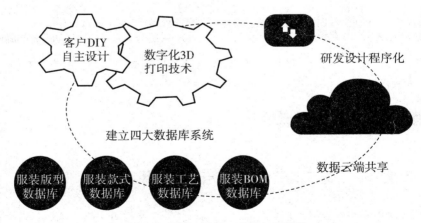

图 3-10　青岛红领的"酷特智能模式"

（二）小米：通过电子商务平台搭建用户互动的生态系统

小米依托自主品牌的电子商务平台、个性化用户服务体系和业务流程的精准协同，依托云计算、大数据技术搭建了独特的产品体系、产业链和用户群。

小米的产品模式可以概括为"软件+硬件+互联网"的"铁人三项"，MIUI 操作系统是小米的"护城河"，是目前国内最优秀的基于安卓系统深度优化、定制、开发的第三方 Android 系统 ROM，MIUI 实现了让用户真正参与手机系统的研发过程中。

目前，小米公司已经初步建立了涵盖 MIUI 操作系统、智能手机、智能电视、小米盒子等软硬件产品的生态系统，拥有逾 400 万米粉的强大市场基础。如图 3-11 所示，电子商务平台是小米首创的智能手机营销方式，通过搭建和健全小米官网+天猫小米官方电商、小米科学生产系统、小米社区、小米同步平台、小米生态系统平台，实现涵盖 B2C、B2B、C2C、O2O、ABC 这 5 种类型的电子商务平台，打造国内领先的与用户互动的平台。小米的硬件、应用软件和操作系统所聚拢的客户群体，在自建的电子商务平台完成互动和实现价值。具体而言，针对不同类型的平台，小米实现了与用户不同层次的反馈。

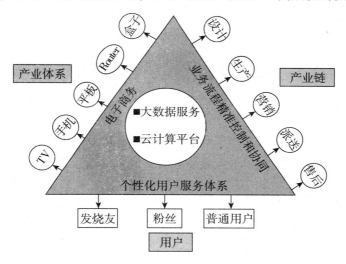

图 3-11　小米的市场反馈新模式

第四节　技术创新与模式创新融合的着力点

一、技术创新与模式创新日益深度融合

市场需求已日益成为创新的最主要源动力，创新逐渐从强调技术导向为主向注重市场导向为主转变。

为了向用户提供更丰富的服务和更人性化的体验，使创新成果转化成实际的商业价值，需要针对新技术采用新的商业模式，模式创新与技术创新呈现日益融合的发展态势。

随着互联网、信息技术、通信技术等通用技术的快速发展，技术逐渐摆脱在原有商业模式中充当工具的从属性角色，而成为新的商业模式本身。

二、模式创新放大和倍增技术创新价值

商业模式是企业为用户创造价值的方式方法，而价值的载体则必须是有核心技术支撑的产品和服务。例如，在节能环保领域，诸多公司开发出先进的节能环保技术与设备，但碍于用户对新技术新设备转换成本的压力，难以实现技术创新的价值。通过合同能源管理这种模式创新，节能服务公司一方面通过为客户提供节能改造服务推广新技术新设备，另一方面从客户节能改造后获得的效益中收回投资、取得利润。

模式创新不仅是技术创新价值的"放大器"与"倍增器"，也为技术创新模仿设置了新的"门槛"，新技术与新商业模式的深度融合构筑企业核心竞争力，为企业获得可持续竞争优势提供强大动力。

三、融合创新正在改变竞争规则和竞争格局

一直以来，企业之间的竞争主要依靠技术革新和产品性价比提高，随着模式创新与技术创新的不断结合，行业的技术竞争与产品竞争模式正在被颠覆，以基于新技术为客户提供更新体验和更优服务为目标的模式创新成为新的竞争规则。

传统商业竞争的零和准则也不断受到挑战，无论是产业链上各环节的企业，还是处于产业链同一环节的企业，一方的利润不再是另一方的成本。在新的盈利模式下，产业价值链上的各利益相关者可基于同一个平台最大限度地达到价值共赢。

四、推动我国数字经济融合创新的三大着力点

一是加强协同创新，全面提升集成创新实力。明确企业在应用性创新中的主体地位，发挥企业和企业家在国家创新决策中的重要作用。加强创新基地服务功能体系建设，提升对企业创新的扶持力度，组织领军企业实施协同创新，鼓励高校、科研机构、企业联合创新，充分提升利用国内国际创新与产业资源开拓创新能力。

二是结合市场需求，健全技术创新服务体系。完善创新领域的支撑服务体系，为模式创新提供多种可能性，实行更具竞争力的人才吸引制度，发挥金融创新对技术创新和模式创新的助推作用，大力发展科技中介服务市场。

三是改善创新环境，加强政策法规体系建设。营造公平竞争的市场环境，适当放松管制，针对创新密集的新兴产业加强规划和支持，做好国家层面的产业发展顶层设计，部署加强知识产权保护和运用，研究推动模式创新纳入知识产权保护。

第四章　数字经济时代的企业转型与发展创新

第一节　企业数字化准备及要素

一、企业数字化准备

目前，数字化是企业战略管理的前沿问题，也是最重要的问题，不仅涉及传统企业，还包括在网络化浪潮中涌现出的纯粹互联网公司。传统的企业如果以企业目前有利润可赚而视数字化改造为另路神仙，或视之为时髦的可有可无的装饰品，那它的领导者毫无疑问是犯了一个战略性的管理错误，绝不是一个小小的战术错误。网络未来的企业必然是dot. com 的天下。而那些在 20 世纪 90 年代于 NASDAQ 或各国二级市场上市并成长起来的众多纯粹网络公司，虽然天然具有数字化的形式和某些本质特征表现，但它们的领导者或者 CIO 一类的管理者，如果头脑发热并且简单地认为一个数字化企业就是建立一个庞大的网站，让公司里的每个员工都触网，给每个销售人员都配备笔记本电脑，将研究与开发（R&D）及设备生产都转变为 CAD/CAM，让员工在自己家中或随意地点办公，通过网站销售商品或提供服务，那么这种思维方法是天方夜谭式的，企业会落伍于时代或其快速发展仅仅是昙花一现。

美国学者亚德里安·斯莱沃斯基等人认为，数字化企业是通过使用数字技术使企业的战略选择发生变化，并使选择范围大大拓宽的企业。数字化企业具有自己的战略特点，它们建立了一种企业模式，能够以新的方式创造和捕捉稍纵即逝的利润，建立新的、强大的客户和员工理念。最重要的是，数字化企业应当具有独特性，其独特性的含义是它必须处在一种熊彼特式的动态创新过程中，创新消失之日就有可能是失败之日。如纯网络公司亚马逊，电子商务公司易趣网，甚至包括虚实结合的德尔太阳能有限公司，其核心业务在数字化时代是极容易被模仿的。大多数企业的跟随战略就会使这些大名鼎鼎的公司的独特战略及企业理念趋于大众化，从而对厂商和消费者的注意力丧失吸引力，逃脱公司控制的 e 时空轨道。因此，应该不断打破规则，成为规则制定者，循环往复，以至无穷。

美国学者对数字化企业的定义是一种典型的西方式阐释。数字化企业是时代的产物，和传统企业的区别不仅仅在于新经济学派的某些学者所说的企业用不用计算机和网络处理业务，还在于既要看企业的生产力平台，更要看企业的生产关系，因为生产关系是一种新生产方式的核心。利用数字化技术改变传统的生产关系，目标是使个人得到自由而全面的发展，使企业全心全意地为公众服务。数字化企业生产制造的技术应该是柔性灵活的软硬技术的综合。在生产关系方面，组织管理形式应从不平等的等级制变为人人平等协作的扁平化组织；在对外提供服务上，应从生产者主权转向消费者主权，从大规模批量生产转向大规模1∶1定制生产与服务。数字化企业通过互联网与顾客1∶1的对话，将生产的社会化和人性的解放联系在一起。

二、企业数字化的要素

一个想进行数字化改造的企业必须具备生产力方面的硬要素和生产关系方面的软要素，缺少任一方面都不能成功。如果不具备硬要素，再好的管理和创意想法都是黄粱美梦；如果拥有最先进的技术，没有有效的管理和协调能力等软要素或软资本，那么再先进的技术也无用武之地。这两种要素各自包含的内容很多，有无限种组合方式。它们是数字化企业成功的前提，同时也可以认为是一种障碍。

（一）企业数字化的硬因素

数字化企业的硬因素主要包括技术能力、技术平台及其竞争力。硬因素要求企业建立一个兼容性和扩充性俱佳的体系结构。该体系能使企业快速地开发并开创新的电子商务应用，即开展各种增值应用和网络配置。在".com"的世界里没有什么技术会天长地久。一个企业如果没有一个基于标准的技术平台，那么企业数字化就变得很困难了，因为企业要为频繁的业务创新重新设计技术基础设施。有了标准化平台，企业的每一项开发会更容易，成本更低，只需最少的技术复制，并且允许扩展性能，即用简单性、灵活性和标准化来对付复杂性。

企业现在的数字化技术及应用平台如表4-1所示。这组技术是按照协调（该技术自动连接的成员企业数量）、过程界面（人或机器）和交易支持的复杂性标准区分的。

表4-1　网络技术

协调技术	连接	过程界面	交易支持
电话、聊天室	1∶1	$M∶M**$	简单，复杂
传真、邮寄、电子邮箱、新闻组、互联网出版	$1∶n*$	$M∶M$	简单，复杂

协调技术	连接	过程界面	交易支持
企业资源计划网站或电话	$1:n$	$M:C**$	简单
电子数据交换	$1:n$	$C:C$	简单
远程登录	$1:n$	$M:C$	复杂

注：$n^* \geq I$，$M**$ 代表人，$C**$ 代表计算。

①电话、聊天室。买卖双方在分类基础上通过这种方式获得信息或谈判相关商品的数量、价格、折扣和发送日期。②传真、邮寄、电子邮箱、新闻组、互联网出版。供给商通过这种方式发送分类信息或通知客户最新进展。③企业资源计划网站或电话。客户通过互联网访问企业 ERP 网站，获得信息并从事商业活动。④电子数据变换。客户信息系统创造并且自动向供给商信息系统发送标准订单。这是互联网应用前电子商务的一种重要形式。⑤远程登录。供给商拨号进入客户的 ERP 系统，从事各种商务活动。

（二）企业数字化的软因素

在网络经济中，软因素其实就是硬因素。管理一个企业最具挑战性的方面，是配置企业的各种人才并利用人才的能力。要在企业中塑造一种有凝聚力的团队精神、统一的道德和价值规范，使之为人服务。相比之下，尽管开发或选择配置适当的技术任务也是困难和富于挑战的，但并不那么重要了。正因为处理生产关系方面的软因素非常困难，并且在这个方向的努力也很难衡量，企业管理者都自觉或不自觉地把大量的注意力集中在硬件建设方面。

数字化企业对于管理等方面的软因素有更高的和特殊的要求，从首席执行官到普通的管理者都要熟悉网络，能够用网络术语进行思维和行动，熟练运用网络工具，并带动每一位员工可以从事网络经济方面的工作，在企业内部形成一种网络文化。瞬息万变的商业环境和日新月异的技术进步迫使企业管理者走出办公室，下放权力，利用团队力量解决各种挑战。他们和传统经济中的管理者有很大区别。

成功的数字化企业一定是软因素和硬因素有效率地结合，并因此具有竞争优势。阿米尔（Amir）、哈特曼（Hartman）等人认为，考虑竞争优势的有用方法是考虑 5 个方面：复杂性、并发性、一致性、连接性、协调性。

1. 复杂性

数字化时代是一个高科技群呈爆炸性放射的时代，技术变化快，环境的不确定性也随之增加。竞争的对手从一个地区、一个国家，发展到全球，传统竞争的固定边界演变为网络经济的模糊边界。网络经济中速度和创新是成效的决定性因素。第一名与其他人的距离越来越大。一个最典型的例子是网络世界中产品价格与完全竞争的确定。在新古典主义经济学家看来，消费者的福利在完全竞争的市场上是最大的，而且对于厂商来说也是一个最优的市场价格，即 $P = MC = MR$，P 表示利润，MC 表示边际成本，MR 表示边际收益。而在垄断情况下，消费者福利会受到一定损失。因此，他们推崇一个帕累托最优的市场竞争模式。但自经济学诞生 200 多年来，这种理论模式只是停留在教科书上的空想。而网络经济的到来，好像一夜之间便使市场在世界范围内融为一体，变得透明化和近乎完全竞争了，价格的波动达到了一种理想水平。价格的简单化决定正好意味着其易变性，以价格取胜已经没有传统经济那样容易了，而在充分了解厂商和消费者偏好的前提下，快速满足客户需求并占领市场份额成为战略举措。

2. 并发性

在网络经济中，各种事情会同时发生。开始、中间和最后这样的判断没有任何重要意义。我们也不可能根据已经得到的东西来推断未来会得到什么。不连续性主宰着网络世界，各种过程也呈现非线性特征。

3. 一致性

一致性表明一个企业在变化的环境中的相对完整性。科斯定理表明，交易费用决定了企业的边界。各种边界可以限制一个企业的活动范围和方向，使其失去成长拓展的能力。一个数字化企业的结构可能是富有流动性的，它的结构和顾客随着市场波动而变化。虽然从理论上讲，互联网使企业交易费

用降到极其微小的价位，其面对的市场也应该是全球性的。尽管如此，它还是存在着许多边界，有内部的也有外部的。外部边界包括法定的和行业的或自定的规章制度，如英荷壳牌石油公司制定的内部反腐败规定。内部边界则由领导者围绕企业的利益相关者，如所有者、股东、合作伙伴和顾客等而实行的有特色的管理。企业通过网络管理来保持一致性，便不至于因企业网络空间的无限扩大造成混乱的状态。

4. 连接性

知识管理是数字化企业的首要任务，连接性是知识管理的前提。人类的看法和思想中的陈规陋俗常常落后于新技术的引进，这就限制了人与人之间通过知识共享将未知与创新相连接的能力。对于许多企业员工来说，他们面对技术创新、管理创新和制度创新时，往往感到茫然。如果他们没有从其他人那里见到他们可以获得的同样价值，很多人都不愿意放弃他们所知道的东西，甚至会抵制新事物。如 18—19 世纪的工人运动不是将斗争的矛头指向资产阶级，而是破坏他们自认为是矛盾根源的机器大工业。这就需要先进的领导或

领袖人物进行理论灌输，达现，人们同热衷于积累财富和权力一样，热衷于积累信息，几乎没有多少，人愿意和别人共享信息，或者将信息送给别人。在大多数企业中，如果没有认识到人类总是不愿意把自己已经知道的什么是对的知识进行共享，甚至连错误的知识也不愿意共享，那么，知识管理的创新就会非常缓慢。一些成功的数字化企业，如思科、美国在线，都已发现知识和财富与权力不同，可以被出卖、被赠送，也可以被保留，信息是不灭的。连接性意义重大、连接性好的企业，在与网络战略联盟、虚拟组织、平等伙伴等共享知识时会产生一种规模经济效益和正外部溢出效应。最好的例证是硅谷，在那里有无拘无束的环境，几乎至高无上的知识管理实现了辉煌的收益。硅谷已经演化出了一种文化，在极端个人主义的同时，承认尽可能实时的信息共享的重要性。连接性产生了有史以来最大程度的财富积累。

5. 协调性

跨越企业的网络战略联盟、虚拟组织或合伙人、利益相关者之间的关系的协调，是数字化技术推动生产力发展和企业创新的重要方式。为了创造强大的双赢战略，合作双方或多方之间要将联合体的竞争力提高一个档次，协调是重要的。合伙各方既要有明确的目标和中、长、短期战略任务，又要有明确的责任与义务规定，建立一个跨企业的协作组织。

第二节　传统企业与数字化企业的区别

传统经济主要建立在物质有形资本的制造工业基础上，属于资本密集型经济，强调生产者主权，其对无形商品，如服务的理解也建立在这种理念之上。而新型的网络经济主要建立在无形资本的生产上，属于知识密集型经济，强调消费者主权，以全心全意满足厂商和消费者的需求为目标。相应地，处于传统经济中的企业与网络经济中数字化企业在市场、生产、购买、销售和过程等生存与发展战略上存在巨大的差别，本节将它们区分为与生产力平台相关的战略、与生产关系相关的战略和融合战略三部分。

一、与生产力平台相关的战略区别

19世纪奥地利经济学家庞巴维克认为，社会发展是由技术进步推动的，它表现为社会生产过程的"迂回生产"，即由原始社会拿起来就能吃、就能用的生产方式转变为一种生产过程日趋复杂、日益增加的生产方式。生产过程，包括服务中介等的迂回，复杂化是生产力发达的标志。数字化技术和互联网所引发的新科技浪潮，给人类社会带来了许多新变化：供给链日益延长，单一生产过程日益压缩，服务中介的细分，服务的个性化，产品与服务的融合，服务内容中无形商品的增加，内容与形式的分离等。

数字化本身并不能创造什么价值，就像声音本身没有价值一样，只有当技术与传统的或其他的功能结合在一起时才能创造价值。如戴尔公司的大规模定制就建立在数字技术基础上。在传统技术平台上，戴尔公司只能采取大规模标准化生产。互联网出现后，戴尔公司为了满足个性化需要，比以前多了一个定制过程，迂回程度增加了。一旦客户的信息数字化后，它就能够被储存在数据库中，然后通过互联网传送到工厂的自动生产线上。现在兴起的网上远程教育、网上诊断、网上演习等便是将传统的功能与新兴形式相分离的产物。功能与形式的分离就意味着能够以多种渠道来传送功能，这将大大减少交易费用。数字化的复制是迂回生产的另一个经典形式，不论什么多媒体信息都不是直接复制的，而是必须先转化为数字化 0 和 1 编码，然后利用数字化设备复制，这种复制的实际成本几乎为零，而且在质量上与原件没有任何区别。而传统经济和模拟技术不会出现这种现象，复制成本几乎与原件一样昂贵。在模拟世界中，每复制一次，复制的质量就下降一些。

数字化技术最大的影响是系统性地降低了交易费用，它不断地从虚拟价值链中节约交易费用。几年前因过于昂贵而不可能得到的信息，现在仅需微小的交易成本便可以得到。低交易费用为大规模的网络经济创造了条件，这种趋势加快了交易成本最高的市场开拓、广告和客户支持等过程。越是面向商品的服务或支持，就越容易被挤出价值链。数字技术消除了在传统经济中被认为不可改变的时间、地理位置的影响。地理位置在某种意义上已经变得无足轻重。但直到目前为止，地理位置在传统经济中仍起到关键性的作用。在网络经济中，顾客是全球范围内的。这是一把双刃剑，任何一家厂商在面对全球范围内顾客的同时，也必须面对全球范围内的竞争对手。你可以很容易地接触到竞争对手的客户，反过来也一样。

二、与生产关系相关的战略区别

数字化技术和互联网已经冲击和改变了人们的生产方式和生活方式，对一个传统企业来说，所有权是最重的权力，它百般努力试图拥有垂直供应链。许多大汽车公司甚至拥有铁矿，其目标是想控制汽车工业的每一个环节，在传统的以资本为主的体制下，这种做法是资本积聚和集中的结果，有一定合理性。但在传统重工业的利润下降以后，所有权变成了一个包袱。人们开始认识到，为了鸡蛋，你并不需要拥有一只会下蛋的母鸡，拥有一切只会分散注意力，不能很好地在多点之中抓住重点。而将注意力放在核心竞争力与客户上，将其他业务外包，是网络经济时代企业战备决策的关键。放弃一部分外包业务后企业仍然需要与合作伙伴协作，以控制该业务的流程，最好的方式便是结成网络战略联盟。同时，企业在一个产业的影响越大，就越容易对它的合作伙伴施加影响。现在的市场上充斥着各种合作关系，而且其消失的速度如同其产生的速度一样快。企业的战略是，当机会出现时，确定的核心竞争力，然后寻找最佳合作伙伴进行合作。接着等待下一个机会。当市场变化时，合作关系也要随之变化。核心竞争力并不排斥规模，尽管物理规模在网络时代已不是一个决定性的因素了，但是网络经济同样也能够利用原来的物理机构，如传统图书销售商巴恩斯和诺贝尔（Barnes & Nobel）公司利用其遍布全美的连锁书店加上网上营销击败纯粹的网上销售新秀亚马逊。

数字化技术也改变了传统的金字塔式管理机构。在金字塔顶端并没有多大的舞台，因此，决策层与基层的层级关系越简单、越少，就越能适应数字经济的运营方式。数字经济建立的技术平台允许并要求将决策权下放到那些直接与客户打交道的人手里，或者直接交给客户（如戴尔公司的做法）。网络就是这一策略实现的基础，同时它也是管理层获得力量的保证。网络化组织的活力在于其网络上各个节点的交流。戴尔公司创造的大规模定制体现的是网络组织革命化的经典原则，就像传统工业经济的原则是大规模制造一样。大规模制造体现的是"一对多"的关系，而大规模定制利用的是互联网开创的"一对一"的关系。这种服务水平已经从群体层次跃进到单人层次了。可以预见，交互式的特定服务在网络经济中将不再是个别公司提供的高档奢侈品，而是一种必需品。如果没有数字化，大规模的定制服务是不可能完成的。定制服务的方法是建立一个站点，根据顾客原来的访问记录为其定制一个界面。一个采购经理与一个家庭主妇的需求就完全不一样。采购经理也许需要一个简捷但功能强大的界面。而家庭主妇也许需要感性认识更为强烈的界面。除了界面上的不同外，定制的站点还必须能够保存用户的个人信息。也许在这之上还会提供特殊的产品介绍或打折服务等。近年来，西方国家兴起的数据挖掘技术就是为了充分挖掘顾客现在和未来的可能需求，以便准确地提供个性化服务。既然数字技术已能够保证全面跟踪每一位用户，市场的法则就应该从守着产品找顾客转移到围着顾客找产品。厂商与客户之间将创建一种亲切、不断发展的客户关系模式。这种关系模式一旦与其他因素，如速度、价值链集成、新的信息中介、许可营销等联系在一起，就能在原来的市场与顾客之间创造一种全新的关系。这种关系在数字经济中是公司的最大财富。

大规模定制并非完全没有风险。如果企业的产品没有达到顾客的需求，那么顾客也许永远不会再回来。定制使消费者再也不需要妥协，他们得到的就是其想要的，包括汽车、计算机、服装、书籍、眼镜、药品、唱片等各种商品。对于厂商来说，定制失误是要遭受惩罚的，因为退回来的商品将没有多少价值。网络经济使消费者越来越追求"完美"的产品、服务与信息。市场的决定权从供应商手里转到了消费者手里。

有学者曾预言，在数字经济中，由于供给商与消费者可以在互联网上直接交流信息，信息中介将退出历史舞台。我们认为，一些中介肯定会消失，但由于网络信息的无限性与人的注意力的有限性，那些能够在复杂的市场中把握住机会的公司仍然能以中介的身份生存下来。如亚马逊公司在表面上省去了书籍发行商与读者之间的中介环节，其实并非如此。首先，它本身就是众多传统图书商与读者之间的中介，它并不出版书籍；其次，亚马逊公司在读者定购图书之后，还必须通过作为中介的图书分销商来完成配送服务。亚马逊公司虽然改变了图书市场的某些环节，降低了交易费用，但是绕不开配送渠道，某种意义上讲，不论何种形式的网上营销，最终都需要一个配送渠道，那就是中介。网络经济虽然消除了批发商、零售商以及消费者逛商店所耗费的时间和搜寻成本，但无论何时也消除不掉送货这一个中介。

三、融合战略

互联网给传统经济带来了很大冲击，使许多领域都必须重新进行排列组合。其中，融合就是一种适应方式，包括软件与硬件、软件与软件、硬件与硬件的融合。

在传统经济中，产品必须在内容（软件）或者硬件载体中选择一个。如果硬件载体没有内容，那么它一般没有什么价值，如没有 CD 唱片，CD 机就毫无用处。在数字经济中，硬件与软件之间的区别被模糊了，也许一家内容供应商能够在硬件载体上取得成功；也许硬件载体供应商能通过内容服务获得更多的收益。因此，企业没有必要抛弃现有优势，可以从两方面的融合中获得回报。融合的作用远远超出人们的想象。汽车与高速公路的结合推动了人口迁移和郊区卫星城的发展，多媒体技术与手机的结合产生了一个移动的信息社会。现在，融合的趋势在金融、网络和实体产业中扩散蔓延，这无疑将创造出新的价值链。

第三节 企业数字化转型的原则及内容

一、企业数字化转型的原则

关于企业数字化转型，许多企业有一个误区，就是混淆了信息技术（Information Technology，IT）和数据技术（Data Technology，DT）的概念。很多企业认为只要通过系统升级，就能够建立大数据体系，就能够实现数字化。即使企业提出了数字化转型，但在做规划时还是由 IT 部门负责，最后做成的是 IT 规划，而不是 DT 规划。IT 和 DT 是不同的。IT 规划以 IT 基础设施和信息系统为核心，服务于企业的业务流程，提升的是流程的效率；而 DT 规划则要以数据为中心，以数据管理为内核，以数据开发和数据应用为内容，以数据分析和挖掘为手段，服务于企业的经营和管理决策，提高决策的质量和效率（见图4-1）。

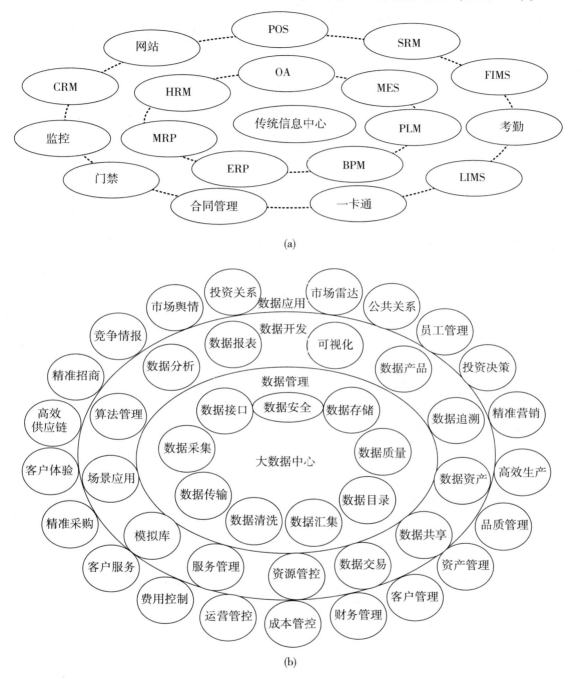

图4-1　IT规划与DT规划的逻辑差异

　　消费需求的实时动态变化迫使广大企业不得不借助移动互联网、大数据、云计算等数字技术，精准高效地获取用户需求，从而实现产品及服务的定制化生产。毋庸置疑的是，数字技术正在向各行各业不断渗透，那些只顾眼前利益而不主动进行变化的企业将会被后来者所颠覆。当然对于正在积极向数字化转型的企业而言，找到一条行之有效的转型路径就显得尤为重要。需要注意的是，企业的数字化转型是一个庞大而复杂的系统工程，很难在短时间内完成。一般说来，企业在数字化转型过程中，需要遵守以下三条原则。

（一）满足用户的消费需求

1973 年，现代管理学之父、管理学大师彼得·德鲁克（Peter Drucker）表示："满足消费需求是每一个企业的宗旨及使命。"这是一个十分简单的道理，但在现实中，从工业时代延续至今的很多行业巨头，依仗自己拥有的垄断性资源及渠道而忽略了消费需求。在为用户提供个性化服务方面，创业公司及中小企业要好得多，当然这和其组织结构相对简单，决策者能够真正掌握用户需求存在较大的关联。在数字经济时代，各个行业之间的界限被打破，很多在一个领域内深耕多年而发展壮大的行业巨头开始向其他领域不断扩张。例如，通过电子商务发展壮大的阿里巴巴，如今已经向支付、物流、金融、文娱和健康等领域不断扩张。要将自身转型为以消费需求为核心的数字化企业，企业不仅要具备优秀的数字技术人才，更要变革组织机构及流程，让每一个组织成员积极接受并推动数字化转型，培养用户服务意识，最终使企业在激烈的市场竞争中成功突围。

（二）善用大数据及物联网等技术

随着数字技术的不断普及推广，越来越多的企业能够获取庞大的数据资源。如何将这些存在巨大价值的宝贵资产完成价值变现，就成为衡量一家企业数字化能力的重要标志。

在现实中，一些拥有海量数据信息却缺乏变现渠道的企业还不少。在通常情况下，企业绝大部分的数据都是"暗数据"（它代表了那些需要企业花费一定的资金及人力成本来存储及管理，但没有有效的手段能够将其完成价值变现的数据）。而且这些"暗数据"通常被分散在不同的数据库中，缺乏强大数据处理能力的企业，很难利用这些数据描绘出清晰的用户画像。因此，一旦那些掌握暗数据处理能力的创业公司或者跨界行业巨头进入该领域时，这些企业就很容易被颠覆。

因此，企业需要强化自身的数据处理、分析及应用能力，实时高效地利用数据，从而有效应对市场变化及各种各样的竞争对手。运动品牌阿迪达斯在欧洲市场设立的线下门店为用户提供定制跑鞋服务，这种个性化服务就是以 3D 扫描及 3D 打印技术作为支撑。此外，阿迪达斯还在鞋中加入了传感器芯片，帮助自身搜集更多的用户数据，以便于进一步优化完善产品及服务。

我国政府实施的"中国制造 2025"及"互联网+"战略，使大量的创业者和企业获得了前所未有的重大发展机遇。以华为、海尔为代表的传统企业，在这场巨大的产业革命中，积极实施转型变革，抓住时代发展机遇，使自身焕发出了强大的活力及生命力。而物联网、智能化等新技术的推广普及必将在各行各业掀起创新热潮。在我国从制造大国向制造强国的转变过程中，物联网等数字技术将扮演十分关键的角色。物联网也是"工业4.0"的重要组成部分，随着我国制造业水平的不断提升，越来越多的企业将会打造出自动化、智能化、高效灵活的智慧工厂，从而极大提升产品的附加值。

（三）全力打造数字化价值链

数字经济使企业可以拓展的业务范围大幅度增加，产业价值链的多个环节都能成为企业拓展新业务时的切入点。当然，企业要想具备这种能力，需要更加高效灵活地运用数据，这关系到企业能否成功实现数字化业务运营获取新的利润增长点。一旦一家企业的价值链信息传递不及时、流程不通畅、系统缺乏灵活性，就意味着这家企业在市场竞争中已经丧失了主动权。更为关键的是，企业无法及时获取动态变化的需求信息，并制定相应的策略。企业不但会丧失众多的发展机遇，而且还会导致内部人才由于无法实现自我价值及社会价值，核心人才出现集体流失的现象。

复杂性是困扰企业对价值链进行优化的一大阻碍，而随着企业数字化转型进程的不断深入，再加上企业通过数字化技术获取海量的数据资源，企业价值链的复杂性会提升至前所未有的高度。此时，企业需要打造出一个强大的数字化平台，这将帮助企业更加高效地处理设计生产、供应链管理、财务等核心业务，真正实现企业智慧化、便捷化、低成本运营。

通过大数据、云计算等高科技技术，企业可以打破传统业务流程存在的诸多痛点。数字化平台可以帮助企业优化组织结构及业务流程，最大限度地发掘数字化业务存在的巨大价值。以数字化平台为核心的数字化价值链，将帮助企业极大地提升产品及服务的溢价能力。

数字化平台使企业具备了对其所有的业务进行实时高效决策的能力，从而使企业能够在数字化价值链中源源不断地获取高额回报。这样企业就能够将自身的资源及精力集中到为用户创造价值方面，而不是花费到对企业的运营管理活动之中。

进入移动互联网时代后，相继涌现出了海量的数字化企业，也推动诸多行业内的传统企业进行数字化转型。目前，许多企业正在积极培养数字化人才，寻找数字化转型路径，从而应对竞争对手的激烈竞争。但企业管理者需要明白的是，企业的数字化转型是不能一蹴而就的，不可盲目追求速度而忽略转型质量。为了提升转型的成功率，企业可以尝试与专业服务商进行合作，争取在较短的时间内成功转变为数字化企业。

二、企业数字化转型的内容

（一）企业数字化转型的四个维度

数字化转型贯穿产品设计、智能制造以及增值服务交付的全过程，因此会设计企业的方方面面。从顶层设计角度看，数字化转型应从四个维度展开。

1. 客户

数字化转型的四大领域中，最重要的就是客户领域的数字化转型。对于组织而言，无论是否进行数字化转型都需要持续关注客户，投入大量的经历来满足客户的期望，以提升客户对组织的满意度和忠诚度，这是组织利润的唯一来源，也是组织保持竞争力的关键所在。数字化技术在客户相关领域的应用，能够将组织在客户领域的能力提升到一个新的高度。

数字化提升了组织对客户的洞察力。许多组织不惜花重金去了解客户的真实需求和市场的变化趋势。它在某种程度上决定了组织的战略方向，决定了组织的产品与服务是否能够获得市场的认可，也决定了组织是否能够获得商业利益。为此，越来越多的企业都在理解客户、挖掘客户需求方面应用了大量的数字化技术。例如，利用数字化对客户进行"画像"，从各个维度对客户进行分析，把握客户的喜好和消费倾向；利用社交媒体挖掘客户的新需求，了解客户对自己产品的满意程度及"槽点"；建立在线的社区，并与客户保持互动，倾听客户的想法和意见，并及时给出回应。

企业在数字化转型中首先可以考虑扩大业务流程对客户的开放。例如，航空公司通过开通自助值机不仅为客户提供了便利，提升了客户体验，还降低了柜台服务的运营成本。再者就是借助互联网的连接，让客户更多地参与到产品/服务的优化和推广中。因为数字化实现了消费者和企业的直接对接，消费者对产品/服务的体验和建议可以快速反馈，使得产品优化改进的节奏加快。小米开启的粉丝经济模式便是一个经典的案例，数百万的粉丝以社区为基地，既圈定了产品投放的潜在用户群，也能汇集消费者对产品的设计和改进建议。

在某种程度上，企业应对数字化冲击必须迅速地采取行动，掌握使用数字技术，通过移动、社交、互联网（物联网）和大数据来缩短产品和服务进入市场的时间。但只有这些技术本身是不够的，在内部，还要求企业应用程序管理数字体验必须无缝连接到应用程序和系统之中；在外部，供应商、消费者和其他第三方中介需要形成供应链合作伙伴系统。为了抓住机遇，需要适用的技术平台，如果信息系统和业务流程太过落后，则不能利用新技术和新的市场机会，很多公司尚不具备数字技术经验，因为它们缺少必要的信息系统之间的联系。如客户信息通常存储在多个数字化载体之中，如电子邮件、社交论坛、博客等，这么多类型的数据源很难形成有凝聚力的竞争资源，这种差异可能导致不一致的客户体验。在当今多元化的行业拓展有效市场业务，需要的不仅仅是一个统一的客户数据来源，还需要能够迅速将匿名用户转化为"已知"客户，这样他们才可以进一步被发展成为实际消费者。这需要在海量信息里收集丰富、准确的客户信息，维持供应商与消费者服务端体验的互动循环。

企业应该学会预测客户的需求，提供动态的、引人入胜的交互，并通过每个客户首选的联系方式进行无缝对接。一般来说，有三种成功的经验：一是无缝交付客户体验，通过多个设备和渠道的一致性提高品牌效应；二是为客户进行量身定制，利用数字化技术和设备匹配用户；三是创新，在数字领域利用新颖的形式、潜移默化的"声音"，吸引顾客区分品牌、增加忠诚度、增加收入。虽然企业可能已经接受了一种新的业务流程管理，这个高度响应系统汇集了所有数字转换的元素，如移动设备、云、大数据和物联网，这些平台允许开发人员可操作地分析嵌入业务流程，并允许用户与企业应用程序和系统的记录智能交互，建立一个真正的数字业务。但企业仍需要解决的问题是这些数据能说明什么问题？这些问题产生的主要原因是什么？如何做才能有效解决这些问题？例如理解客户的担忧、适时举办商业活动、消除内部障碍并增加灵活性、利用商业机会和对市场的变化做出反应，做出更好的决策。

2. 产品

产品与服务是组织的立身之本，是组织的核心竞争力。数字化技术在产品与服务领域的应用，为组织注入了新的增长动力。

产品的转型体现为功能和形式的设计能够密切贴合客户的需求，因此需要满足丰富的个性化需求，基于智能制造快速跟进消费节奏，并且考虑通过增值服务实现最大收益。同时，数字化将重塑商业模式。企业存在的目的就是盈利，利从何来？传统模式下，因为组织能够连接的客户数量有限，所以组织必须把成本分摊到有限的连接中赚取足够的利润，这是普遍的商业模式。如今，数字化技术可以让组织突破连接的数量限制，量变产生质变，当连接足够多的时候，获利的逻辑就发生了本质的变化。

以按摩椅为例来看传统产业的商业模式转型。在商场、影院、车站、机场等众多公共场所都会发现共享按摩椅的身影，按摩椅这种价格昂贵、可有可无、买来放在家里占地方的产品，一直以来在国内的销量都不好。按摩椅的生产商意识到销售的局限性，把按摩椅变成按摩服务，投放在人容易疲劳的场景中，用户花很少的钱就可以享受一段时间的休息、放松，同时由于使用的人数足够多，因此给企业带来了远超单纯销售按摩椅的收益。

本案例中商业模式转变的核心在于将"卖商品"转变为"卖服务",同时构造出适宜消费该服务的多元化场景,诱导大量消费者购买服务以盈利。这种模式成功的关键在于"连接",基于移动互联网和智能手机终端,将按摩椅与潜在消费者联系在一起,成功将潜在消费者与按摩服务进行匹配,实现了买卖双方的共赢。

3. 运营

在组织的内部运营领域,同样需要进行数字化转型。组织需要从内部进行改变,以支持对外的竞争,从而保证更大利益的实现。运营优化的目的是提升企业决策效率,实现消费端快速反馈,改进服务的客户体验并合理降低运营成本。由于企业间的竞争呈现出从技术、产品等单方面竞争向平台化生态系统竞争转变的趋势,因此企业需要关注构建资源聚集、合作共赢的生态系统。

数字化将进一步提升流程绩效。很多公司为了提升流程的能力和绩效,借助数字化技术来实现流程效率的提升,同时使流程更加富有弹性,可以随时应对组织外部环境和业务变化,这样,组织就能够将注意力集中在更为重要的战略任务上。

数字化技术让组织运营绩效更加公开透明。借助数字化工具,企业可以轻而易举地将运营绩效向公司内的所有相关人员公布,使得组织范围内的所有管理人员对客户以及产品与服务的特性了解得更加深入,这样一来,他们在做出决定时会更加符合真实情况。

流程的数字化还会生成大量的数据流,这些数据流经过数据挖掘将产生更大的价值。

除了获得更多、更精确的信息外,数字化转型将在很大程度上改变组织战略决策的过程。大量的、经过加工的数据将给决策制定提供更多的参考,甚至在未来,机器学习这类新技术也可能应用到战略决策领域,代替人进行决策,让这个决策过程更加智能化。

4. 人力

作为数字化转型的执行主体,人员也需要相应赋能。人员的数字素养将极大地影响变革的进程,也会成为企业的核心竞争力之一。而且人员的赋能并不仅仅针对企业员工本身,它还应该包括企业所构建的生态系统中的相关人员。数字化对人的连接,不仅拓展了人与人的沟通方式,同时让人与人的连接突破了时间、空间和数量的限制,这样的改变也给组织在人力管理上带来了新的挑战。如果组织还保持传统思维来对待人力,那么组织的发展将会受到阻碍。

员工需要随时随地地工作。在这个时代,还有没有必要在特定的时间将员工集聚在一个特定的场所一起工作呢?坚持这种传统的做法固然有好处,但这种做法也有着成本高和效率低下这两个弊端。现在的市场环境变化太快,快到组织必须利用一切时间去追赶这种变化。如果组织无法通过数字化手段做到让员工随时随地地工作,那么对组织和员工而言都是痛苦的煎熬：组织无法高效、及时地应对市场变化，慢竞争对手一步；而员工也不得不每天将大量的时间花费在去办公室的路上，同时为了及时完成工作而留在办公室加班。事实上，许多走在数字化转型前列的公司很早便已尝试利用邮件、即时通信工具、视频会议系统、VPN、移动办公平台等数字化工具解决工作的空间和时间的限制，再配合弹性工作制度，在带来效率大幅提升的同时，也吸引了大量人才的加入。

（二）企业数字化转型的五个层级

企业架构框架中全面涵盖了从业务战略到关键基础设施的所有层次，其中的每一个层次都应结合数字化转型开展不同的工作。

1. 业务战略

作为数字化转型的起点，企业经营者需要依据数字经济的发展契机思考并明确业务的战略。这将涉及制定企业经营理念经营策略和产品策略，以及明确数字化生态系统的构建策略。管理层也需要完成数字化领导力转型，更新企业的决策模式，使数据成为决策的关键因素。

2. 业务流程

业务流程将以价值流为基础进行优化，从而在保证最大客户价值交付的同时，也能提升流程的执行效率并合理控制企业的经营成本。数字化时代的一个趋势便是业务流程开发。一方面向上下游合作伙伴开放，从而构建支持共享、支持创新的生态系统平台；另一方面向客户开放，让客户更多地参与到业务流程的执行，不仅提升了客户体验也有助于客户意见的快速反馈。当前银行运营商的业务开通、服务受理、信息查询等流程都极大地开放给了客户，其成效是非常显著的。

3. 数据

数据之所以重要，是因为数据将支撑上面的业务战略和业务流程。企业需要制订一个基于价值的数据治理计划，确保企业经营者可以方便、安全、快速、可靠地利用数据进行决策支持和业务运行。因此，企业需要借助大数据和人工智能等技术，构建组织的数据能力，充分挖掘数据的价值。此外，企业也可以利用区块链技术的特点，让数据在数字生态系统中安全可靠地流转，实现不可篡改的产品溯源、机构间结算等丰富的模式。

4. 应用

应用程序是业务流程的执行载体，也是数据加工的"工厂"。企业既可以在云计算平台开发满足高并发、大规模运算的分布式应用程序，也可以基于区块链开发DApp（即分布式应用或去中心化应用），从而实现关键的智能合约。

企业需要发挥云计算的优势，构建整合计算、网络、存储等硬件的统一资源池，打造涵盖数据库、应用 SDK、中间件、消息列队．网络文件等系统组件的平台和 API 接口。企业的数字化基础架构也要合理规划与社会数字基础设施的对接，从而构建灵活、可靠的基础架构平台。

5. 关键基础设施

随着中国的数字中心建设高潮消退，企业更多地开始关注如何利用新兴的技术和理念，实现关键基础设施的绿色运营。企业要利用有限的预算投入来实现基础设施的稳定运营并不断降低电力使用效率（Power Usage Effectiveness，PUE）。

第四节　数字经济时代的企业运营变革

当前处于数字时代，任何组织都在寻求数字化转型，这个过程是必要和艰难的，它是一个由适应到依赖数字技术，再到逐渐形成数字化思维的过程。对于企业而言，数字技术正在深刻地影响着商业变革，不断涌现出来新的商业模式和创新，各个产业之间的边界也不再清晰，因此，企业的数字化转型势在必行。

一、企业竞争与战略数字化

企业间的数字化竞争是转型速度和转型效果的竞争，体现在借助数字化技术推动业务转型或业务扩张等方面，竞争形式呈多样化。对于传统企业而言，新一代原生数字企业对其发展产生了巨大的冲击，例如，数字媒体正在颠覆传统的媒体形态，今日头条等新闻聚合器和微博、微信等社交网络正在引爆网络，不但改变了新闻的传播方式，而且改变了读者对新闻生产过程和新闻品牌的认知；同时，新兴数字企业存在跨界竞争，如企业由传统数据服务领域进入通信设备制造和互联网接入市场。现阶段，数字化转型速度快、效果好的企业能够更快、更好地适应数字时代，更能在人才、资本和品牌的竞争中保持优势。

现阶段，无论是客户还是企业员工，其工作生活都越来越习惯和依赖数字技术。数字技术能够使企业线下实体空间和线上虚拟空间逐渐融合、协同进化，从而引起企业内外部互动方式的数字化调整和更新。因此，企业需要从战略角度理解和适应数字变化，制定数据驱动的决策，培养人员内部从管理层到普通员工的数字意识和工作习惯，使之采取措施主动学习应用数字技术，渐进式改变原有的流程、支持新的数字业务，以提升效率和推动商业模式创新，并在变化中更好地识别机会、抓住机会和创造价值。

二、企业管理与商业模式数字化

企业数字化管理能够以新的方式捕捉经营利润，建立起强大的客户和员工价值理念。从战略层面分析，企业应先确立数字化战略和阶段目标，确定关键负责人，制订详细计划，确保企业能够上行下达，逐步形成组织认同，同时可向组织外传递明确的数字化转型预期；此外，企业为更好地应用数字技术和适应数字化转型需求，应及时合理调整传统的组织结构，整合与数字化相关的业务或职能工作。随着商业活动数字化程度的提高，数据分析师等专业人才匮乏的问题逐渐显现，企业可以采取内培外聘的方式，为数字化人才提供适宜的工作环境，并根据数字战略更新企业文化。

数字平台是线上技术支持型的双边或多边市场商业模式创新，颠覆了传统行业游戏规则，创造出了新型社群市场，使原本相互竞争的企业、需求完全不同的消费者都成为了给平台贡献价值的参与者。数字技术大大降低了数字平台运营对基础设施和有形资产的需求，数字化的信息、经验和数字系统都可以零成本地传递和复制，极大地降低了智力扩展成本。数字平台获益方式灵活多样，可以收取交易佣金、单方面收取服务费，也可以围绕平台数据提供市场营销、投资咨询和数据交易等服务来获取收益。同时，数字平台参与者规模、参与者之间互动数量的线性增长会带来平台价值的指数级增长，从而产生平台网络效应。

三、企业经营数字化变革

数字经济快速发展，数字化与全球化日益融合，数据流动成为全球化新的特征。数字信息对商业运营的驱动，数字技术和网络技术对产业的不断渗透，推动企业从流程驱动、中心控制的组织结构转变为共享平台、高度去中心化的新型组织结构，改变了企业生产运营的全过程。

（一）企业市场与营销数字化

与传统时代的市场相比，消费者在数字时代也发生了较大变化，过去消费者只是广告和商品的被动接受者，而在数字时代消费者也参与到了企业商业活动中，主动讨论和表达对产品的想法。同时，产品生命周期较之过去更短，市场也更加细化，且消费者的忠诚度也在逐渐降低，越来越多的商业活动发生在线上，各种渠道和模式应接不暇，消费者的购物渠道和消费方式更加多样，因此消费者在购买商品时更加注重个人的消费体验。为此，企业需要收集消费者数据，掌握顾客线上线下行为，整合企业创意与活动，通过内容和服务创造独特的用户体验，使消费者自动进行品牌推广。

数字营销是企业数字化转型的核心驱动。更好地应用数字技术和数字媒体建设数字品牌，提升用户线上线下一致性和便利性体验，与客户进行更多、更深入的互动是企业营销数字化转型的重要内容。网络社交营销是建立口碑和品牌的有效策略，数字媒体的内容和形式更为丰富，情感表达和互动性更强，通过数字媒体表达的数字品牌更容易被数字时代的年轻人所接受。而且，数字技术为创意提供了无限空间，这也是信息过剩时代抓住客户注意力的关键。为此，企业在线下经营基础上所新建的线上渠道和接触点，需要满足客户感知、消费过程、售后保障等线上线下的无缝衔接，鼓励消费者通过分享想法、共同完善设计、众筹、组建产品讨论组和粉丝社区等形式积极参与企业商业活动。

（二）企业产品与生产数字化

企业产品数字化通常是数字技术对产品形态和功能所进行的改变，其主要表现为：①产品本身数字化，比如金融、教育等行业的产品和服务等数字化的实现，往往伴随着第三方电子支付、按需购买服务等商业模式创新；②借助数字技术为产品附加更多功能，如在运动服饰内添加内置传感器记录客户的运动数据，此类转型常与市场细分和差异化创新密切相关，满足客户从科学锻炼到情感交流的多种需求；③围绕数字技术对传统产品进行重大变革，如汽车工业企业开发无人驾驶汽车，此类转型通常更具颠覆性创新特点，具有彻底改变客户行为习惯或同类产品使用规则的潜力。

传统企业面临的生产数字化转型主要是产品在生产过程和服务提供过程中的数字化，如在产品生产中使用3D打印技术等。通过数字化技术与先进制造工艺融合的智能制造，可以提高生产效率，优化产品质量，满足消费者的个性化需求，提供智能化产品，加速企业服务化转型。生产制造要想做到敏捷、精益，就必须实现数字化，这就要求传统制造企业能够使用数字技术在完全虚拟的环境中建立模型、进行验证和仿真，将包括生产在内的所有前端和后端环节都集成到统一的数据平台，使生产过程变得更加柔性、灵活和智能。

（三）企业商品与服务贸易数字化

数字贸易是以互联网为基础、以数字交换技术为手段、以互联网传输为媒介的，它不仅改变了企业商品和服务的生产和交付方式，还直接缩短了时空距离，降低了交易成本。互联网让共享经济、网络协作成为可能，通过线上线下融合、大数据与平台化，打破了地域、资源和成本的限制，其结果必然能优化贸易体制，简化企业贸易流程，增加其贸易机会。

数字贸易向客户提供的服务是知识密集型的，强调与客户之间的高度互动，更为重要的是数字贸易具有高度创新功能，在为客户提供产品服务的同时，企业作为数字贸易主体必须不断创新、吸收新知识、学习新技术，创造出适合技术和生产发展新要求的知识应用模式。因此，管理部门需要完善数字资源知识产权保护机制，积极应用数字融合管理工具，使信息技术应用与企业的组织、管理、流程等相匹配。

云计算、大数据、移动互联网、社交媒体等新技术的不断涌现，拓展和扩充了数字贸易产品服务的种类范围，为客户提供了更为广阔的商品服务选择空间和余地。借助数字技术，企业基于已有的优势资源，可以在全球范围内寻找需要的人才、供应商和合作伙伴，重新组织生产和创新，推出更丰富的产品线，适应和激发客户特殊化个性需求，满足实时性、交互性、低成本、个性化的需求。

四、企业数字化变革风险治理

数字技术快速发展、相互融合，催生出许多新产业、新业态和新模式，创造了大量的就业机会，使就业质量持续改善，但数字化给企业带来的颠覆性变革既是机遇也是挑战，企业应将变革过程中的各类风险管控纳入战略决策中，协同政府、社会民众或其他利益相关方，建立起更具灵活性与适应性的治理体系。

政府要为企业数字发展环境提供良好的制度保障。在全球数字经济迅猛发展的大趋势下，数字贸易成为数字经济时代的主要贸易方式，企业所面临的知识产权等风险不断上升，数字贸易规则主导权的争夺也日益激烈。现阶段，WTO 规模逐步扩大到数字经济范围，数字贸易协定谈判进程正在推进，我国政府应成为多边数字贸易治理的建设者和推动者，积极在 WTO 框架下推动数字贸易相关议题谈判，弥合成员分歧，做多边数字贸易体制的坚定拥护者，扩大和深化数字贸易议题上的合作。

行业协会应推动行业层面的标准等的制定，促使企业积极向数字化方向转型。企业应自信地接收数字变革带来的不确定性，积极整合新服务、新技术、新模式、新同盟等所有新生事物，以应对数字化变革产生的各种复杂情况；打造数字时代的全新员工团队，员工不仅要拥有基础计算机网络知识，还要具备创新能力、能接受灵活的工作方式、适应环境变化；建立数字信用联盟，将用户数据视为企业关键业务资产，与联盟成员一同加强企业数据安全，分享使用其运营所需的数据，减少服务故障、保护用户隐私、提升用户体验。

第五章　数字经济时代的市场营销管理创新

第一节　数字经济时代的市场营销环境

一、数字时代企业市场营销环境的变化

随着信息技术的不断发展，我们已经迎来了数字化时代。而对于市场营销来说，数字环境为其带来了新的挑战和机遇，企业想在新环境中争得立足之地，就必须充分把握这一趋势，选择最佳营销方式。

（一）信息交换数字化

1. 搜索

搜索是互联网最基础的信息工具。借助新的搜索引擎技术，使用数字化信息的便利被极大地增强了。通过搜索引擎查找能够在几秒钟内帮助企业与消费者找到目标信息，极大地提高了业务效率。通过关键词来搜索是最基础的搜索应用，但现时代的计算能力、存储能力以及网络速度已经能够让我们采用更为高深的方法来进行搜索，比如现在用户可以通过语音或者视觉搜索进行查询，结合个人的搜索历史以及定位等信息提供定制化的搜索结果。

从企业的角度讲，许多年来数字营销人员一直在持续推进搜索引擎优化（SEO）的成效。实际上，搜索引擎优化始终是企业增加访问流量的重要工具之一，然而随着更快的计算机处理能力以及机器学习技术、搜索技术的提升，搜索引擎服务商（谷歌、百度等）逐步加大了语义搜索等高阶搜索技术的比重。对用户而言，他们能够获得更精准、更符合自身需要的信息。但是对企业 SEO 工作而言，传统的优化网页、购买关键字的方式可能效果在减退。

云计算、语义搜索技术以及数据积累的发展，让计算机的学习能力获得了飞跃发展。它对用户意图的理解越来越深，也越来越快。在某些环境下，计算机甚至能够预测用户的

搜索需求，无须用户输入更多的信息。移动技术、语音识别和大数据能帮助计算机访问大量的互联网、社交、地理定位数据。基于这些数据的过滤和分类，它可以更准确地预测未来的需求和行为。

2. 品牌网站

在供给侧改革的背景下，国内的广告业的角色认知开始发生改变，由"促进销售为王"向"打造品牌为王"转型升级。首先，国内当前有影响力的品牌寥寥无几，经济处于全球产业链的低端，只有打造更多的全球性品牌，中国经济才能实现供给侧的结构性改革；其次，品牌化可以带来稳定的消费增长，推动消费整体升级，还可以形成诚信的消费文化；最后，所有的品牌都是在与消费者的关系深度发展中成长起来的，品牌化可以形成供给侧与需求侧互相促进、良性互动的大格局。

品牌网站（企业官网）是品牌在互联网上的核心阵地。通过搜索等方式导入的流量大多数都会指向品牌网站，品牌网站已经成为数字消费者最主要的信息来源，还具有帮助企业做客户吸引、客户营销、客户服务的实体业务功能。作为商业组织的数字旗舰店、信息展示中心以及在线分销体系，品牌网站必须扮演多种角色，培养新的销售线索，维护现有客户。

3. 移动支付

即使才刚刚起步的移动支付，目前也已经受到了极大的关注和欢迎。移动支付给消费者提供了以下两个优势：方便和安全。消费者通过手机就能够实现支付功能，而且消费者的财务信息并没有保存在一个物理实体上，而是在高度加密的云端服务器中。

移动支付拥有多种技术实现方式，其中短信验证码、二维码以及近场通信支付技术是最常见的三种方式。近场通信支付技术允许商家通过信用卡刷卡机贴近消费者手机来完成一次信用卡支付。

4. 网络口碑

网络口碑是指基于互联网所分享的企业或者品牌的正面及负面信息。企业的口碑一直存在，然而在数字时代，它变得极为重要而且无法忽视。互联网的匿名性，让客户更自由地分享对企业的看法，而不再担心分享行为对现实行为的不利影响。互联网的传播效率，使现实社会中分散的、片段的口碑变得更为集中和一致，并能以指数级的速度迅速扩散。企业在某个区域市场中的失误，很可能会在几个小时内被传播到世界的每个角落。互联网的信息类型丰富，能够让口碑的接受者获得更多、更丰富、更贴近真实体验的信息。网络口碑帮助用户更深入地了解企业信息，降低交易的不确定性，因此也可以提升交易的可能性。企业需要时刻关注网络口碑中的形象，并积极利用这一渠道提升营销传播的效率。

5. APP

智能化移动设置的数量激增，使用户越来越依赖移动搜索功能。通过谷歌的数据可以看出，94%的用户会搜索位置信息。除了社交应用程序和本地搜索应用程序，零售企业的移动应用程序（APP）在今后几年将变得更加普遍。当然，微信作为一个大型的APP已经可以替代很多单应用APP，这也是企业决定是否投资APP之前应该权衡的因素。专用APP能提供更为明确的行为目标，以及简单、直接的用户体验。

（二）客户互动数字化

随着数字化时代来临，客户互动也发生了转变。企业为了更好地开展营销，就应该把握这一转变，应该开始关注社交媒体、人工智能和虚拟现实在营销中的作用。

1. 社交媒体

大数据、云计算等互联网技术的飞速进步正推动国内电商营销产业不断升级和变革。"电商+社交"的营销方式，最大特点就是精准定向、用户洞察和效果分析：电商平台向广告主提供开放的数据管理平台，将自身积累的用户消费行为数据、来自媒体的用户社交行为数据和来自广告主的真实用户购买数据进行对接和整合，精准描绘用户画像，以用户深度洞察助力广告主实现精准投放。

社交广告由于能够洞察用户的个性需求，在多场景中打动用户内心的情感诉求，越来越受到广告主的喜爱。2016年，围内社交媒体平台的商业模式逐渐清晰，社交广告的增长已经成为腾讯和微博收入增长的新引擎。

2016年，视频直播已全面移动化和泛娱乐化，随着新兴直播APP的兴起，视频直播全面注入社交基因，直播现场也从固定场景向任意场景延伸，运用社交关系或粉丝关系来进行直播已然将直播全面推向大众，全民直播时代已经到来。从目前的运营来看，直播的盈利十分可观。

随着新媒体技术的发展，社交媒体真正实现了"多点互动"的状态，自媒体时代催生出越来越多的网络红人。通过内容生产根植网络，产生粉丝效应，形成白带渠道与流量，甚至拥有人格化的个人品牌，这些原本都是诸如报纸、杂志这样的传统媒体的优势，如今网红几乎全部拥有，并逐渐演化成优质内容的专业生产者，甚至可以称之为一种新媒介。

社交媒体是一种新型媒体形式，它同时具有大众媒体和自媒体的传播特征，也就是说，它既可以让用户面向大众进行信息传播，也可以实现个人或小群体之间的双向交流。

传播的实现必须有相应的传播媒介或传播渠道作支持，如电视、广播、杂志、互联网、口碑或电话通信等都可以作为传播媒介。不论营销者选择哪种媒介，都可以选择某种传播载具承载相关信息。例如，如果营销者选择电视作为传播媒介，那么可以将《我是歌手》这类综艺节目作为传播载具进行先关信息的表达与传播。社交媒体也有很多网络传播渠道，并且每个渠道都可以选择相应的载具。

2. 虚拟现实与人工智能

虚拟现实与人工智能近年来受到了极大的关注，而这也成为人们追捧的对象，尤其是对于年轻人来说，这种高新技术引起了他们足够的注意。

就当前的发展可以看出，在未来人工智能将会成为人类生活不可缺少的重要部分。通过人工智能，人们可以进行智能的信息检索，可以控制家电用品，可以进行道路导航甚至可以实现代驾。随着人工智能的不断发展，键盘和遥控器可能成为历史，人们会直接通过自己的人工智能管家管理自己的生活。当前，AlphaGo 成了人尽皆知的人工智能，因为它与世界顶尖棋手李世石开展的围棋人机大战以 4：1 的成绩获得胜利。

维基百科对人工智能的定义为，研究、开发用于模拟、延伸和扩展人的智能的理论、方法、技术及应用系统的一门新的技术科学。也就是说，人工智能研究的目标是使机器可以像人一样视、听、触、感觉及思考，现在研究出的人工智能包括指纹识别、人脸识别、虹膜识别、专家系统、智能搜索、逻辑推理、博弈与辩证处理等。

不论是什么领域，通常都会存在不同的流派，人工智能领域也是如此。以当前的研究来说，该领域的主要流派有三个：

一是符号主义流派，也可以称作计算机学派，该流派的原理主要为物理符号系统假设和有限合理性原理。也就是相信计算机的运算能力叠加，最终会使机器产生自由意志。

二是联结主义流派，也可以称作仿生学派，其原理主要为神经网络及神经网络间的连接机制与学习算法。也就是说，该学派支持者认为通过模仿人类的大脑构成，可以创造出一个相同的"人工"大脑。

三是行为主义流派，也可以称作进化主义或控制论学派，其原理为控制论及感知—动作型控制系统。持该流派观点的人认为，人工智能并不需要知识、表示和推理，只要将其放在现实环境中进行交互，就会随着交互而得到不断地进化。

当然，对于人工智能的研究思路并不只这几种，还有很多不一样的想法。每个研究者对人工智能的看法可能都不是完全相同，但是究竟哪种思路才是正确的并没有人能给出答案，而只有在最终结果出来后，我们才能知道人工智能能发展到什么程度，而哪种思路可以推进其进一步发展。

人工智能学科的起源，普遍被认为是 1956 年在美国达特茅斯大学召开的一次会议。后来，被称为"人工智能之父"的约翰·麦卡锡博士在那次会议上首次提出了人工智能的概念，他认为人工智能就是要让机器的行为看起来就像是人所表现出的智能行为一样。但是从今天的发展程度来看，这个定义并不精准。根据当前的研究实际，对人工智能的定义大致上可以划分为四类，即机器"像人一样思考""像人一样行动""理性地思考"和"理性地行动"。在这里所提到的行动并不是指单纯的肢体运动，而是指通过思考采取行动，或制定行动的决策。

而基于这种定义划分，形成了"强人工智能"和"弱人工智能"的区分。强人工智能，是指机器的思考和推理完全与人类思维一致；弱人工智能，是指只具备部分的人类思维、推理、情感和行动能力。苹果"Siri"和微软"小冰"都是弱人工智能，因为它们只是部分拥有人类的思维、推理和情感等。人们在日常生活中应用的智能家居、智能汽车、无人机、智能手机等也都属于弱人工智能。

观察我们的生活就可以看到，当前人类社会已经进入弱人工智能时代，但是我们离强人工智能时代还有较远的一段距离。除了人工智能外，虚拟现实也是人们正在体验的一种科技，有些人会将其纳入人工智能的范畴，但实际上并不是如此，如没有赋予头盔、眼镜或者其他物件智能思维，看起来它会更像是一种工具。

人工智能与虚拟现实之间有所区别又相互联系的。人工智能创造的是一个接受感知的事物，虚拟现实创造的是一个被感知的环境。人工智能的事物可以运用在虚拟现实环境中，可以通过人工智能进行模拟和训练。但随着这两种技术的不断发展，会逐渐相互融合，这在交互技术子领域中会表现地更为突出。对于这种融合我们可以这样解释，在虚拟现实的环境下，配合逐渐完备的交互工具和手段，人和机器人的行为方式将逐渐趋同。

纽约大学的 Marcus 表示，在人类与人工智能交互的过程中，最初只会将其作为工具或者宠物，他们并不会向人工智能倾注爱情，但是会会欣赏它们，并且在它们离世后会表示哀悼。但是人工智能会不断发展，也会越来越像真实的人类，利用虚拟现实技术可以更快地促进工智能技术的发展。Marcus 表示，电影中上演的剧情可能变成现实，我们不能否认人类爱上人工智能设备是可能实现的。

在几年前，人类无法想象自己的行为习惯会因为移动互联网的出现而发生如此巨大的转变，而人工智能、虚拟现实也是如此，它们对人类的改变可能也会十分巨大。扎克伯格认为，虚拟现实会成为人类社会的下一代社交工具。

虚拟现实设备或产品，或将成为手机的下一个移动设备替代品，这种替代就像智能手机替代了台式电脑一样。但即使设备变化，人类的本性也不会发生改变。即使手机在一定程度上代替了电脑，但是通过观察就可以看到，人们利用手机采取的行为实际上是之前利用电脑实施的行为，因此，即使手机被虚拟现实设备替代，人类行为的本质并不会改变。

人们在使用手机和电脑时，大量的时间都是在消遣娱乐，而现在的虚拟现实和人工智能应用很多的应用场景也是关乎娱乐消遣的，所以经过长期的发展，我们有理由相信人们会花费同样多的娱乐时间在体验虚拟现实和人工智能上。

不仅在娱乐领域，在其他领域虚拟现实和人工智能的结合也得到了广泛应用，例如在教育领域这种结合就得到了一定应用。随着人工智能技术实现突破，很可能出现机器人教师，它们拥有大量知识储备、很高的教学水平，根据教学中的问题，它们可以构建出学生学习优势、弱势的模型，从而有针对性地对学生开展教学，并且作为一种智能工具，这种教师程序可以批量地生产和复制。

借助于虚拟现实技术的进步，如果能将部分游戏的人机互动模式引入在线教育中，学生可以在更为真实的环境中接受机器人教师的在线教学，并且学生可以选择自己喜欢的虚拟教师形象、声音和性别等，如果实现了这样的教学技术，在线教育低成本、高质量的优势则可以更大限度地发挥出来。

虽然现在的技术还无法达到虚拟现实和人工智能的真正融合，但是在未来的几十年中，这种技术融合一定会为人类社会展现出崭新的一面，会引领下一波科技变革。

现在，虚拟现实技术带来了全新的"沉浸式"营销体验。目前比较成熟的"沉浸式"互动应用大致有两类，即游戏和视频。利用虚拟现实开展营销活动可以是视频，也可以是游戏，但绝对不能单纯地以3D形式对产品广告进行重新包装。"沉浸式"体验是一种个性化、私密化的体验，而在这样的平台中利用强硬的广告开展营销绝对不会产生好的效果，反而会阻断用户的"沉浸"状态。

就当前的虚拟现实技术应用来说，游戏所占的比重较大，但很多人认为视频才是推进虚拟现实普及并广泛应用的有效途径。但是不论是采取游戏还是视频途径，虚拟现实都可以将数字营销带入"沉浸式营销"的时代。虚拟现实技术可以帮助品牌构建全新的"沉浸式"体验平台，使人们真的体验到"身临其境"的营销，并且可以改变互动模式，从"描述解释"转化为"实时体验"。

虚拟现实是"第四代媒体"，也是引领未来发展的新媒体，虚拟现实营销有自己的独特之处。在拥挤的网络环境中，虚拟现实营销可以改变互联网生态。

（三）数据存储数字化

随着时代发展，数据产生速度越来越快，数量也越来越大，而在数字化时代，掌握数据是企业获得成功的关键。因此，企业应该加强对大数据技术和云技术的运用，加强自己的数据储存和处理能力。

二、客户特征及行为分析

客户产生的具体行为是推进实现精准营销的一个相当重要的依据。因为只有明确客户的具体需要，才能有计划地进行精准营销，为此，对客户特征及行为进行分析就显得尤为重要。

（一）客户特征分析

1. 客户心理分析

（1）不同年龄顾客的心态

青年顾客通常会具有以下几个心理特征：

第一，对时尚消费品敏感，喜欢购买时髦的商品。

第二，购买具有明显的冲动性。

第三，购买动机易受到外界影响。

第四，购买的商品最先考虑的是外观，其次是价格和质量。

第五，是新产品的第一批购买者。

中年顾客通常会具有以下几个心理特征：

第一，属于理智型购买者，较为自信。

第二，购买的商品以经济实惠为主。

第三，喜欢购买被别人证明经济适用的新商品。

老年顾客通常会具有以下几个心理特征：

第一，喜欢购买用习惯的商品。

第二，购买习惯稳定，不易受到外界的干扰。

第三，希望购买方便舒适。

第四，对健康实惠的产品比较敏感。

（2）不同性别顾客的心态

男顾客通常会具有以下几个心理特征：

第一，购买动机常具有被动心理。

第二，有目的、有理智地购买。

第三，商品以质量为准，价格其次。

第四，自信消费，不喜欢服务员介绍。

第五，交易迅速，缺乏耐心。

女顾客通常会具有以下几个心理特征：

第一，购买动机常具有冲性和灵活性。

第二，商品的挑选比较细致。

第三，购买行为易受到情绪和外界因素的影响。

第四，选择商品注重外观、质量、价格其次。

（3）不同身份顾客的心态

不同身份顾客的心理特征如表5-1所示：

表5-1 不同身份顾客的心理特征

顾客类型	心理特征
工人、农民	喜欢经济实惠、坚固耐用的商品
学生	喜欢购买稀奇的、没见过的商品
军人	大多为别人购买，或按计划选购，有时候会请售货员帮忙选购
知识分子	大多喜欢造型雅致、美观大方的商品
文艺工作者	大多喜欢造型优美、别具一格、具有艺术美感的商品

其实从相关的数据里还能够透露出许多类似的客户特征信息，只要仔细深入分析，还会分析出更多类型的客户的具体消费特征。

2. 客户需求分析

客户发出的具体需求就是市场，遇到有需求的客户时，实际上就是进行精准营销的一个对象。企业想要知道客户真正需要什么，就要像医生给病人看病一样，学会望、闻、问、切。

（1）望：用数据察言观色

环境信息。对客户具有的爱好、品位以及周围的环境进行细致的观察，例如，根据某一商场的会员信息显示集中在一个高档小区，那么就表明该会员的消费水平应该很高。

行为信息。对客户的一举一动留意也都是有一定特殊意义的，例如，某一客户经常在互联网上搜索某种化妆品，那么互联网的另一端就能根据这名客户的操作进行一个整体简单的刻画：她应该是一名女性，需要的是某种化妆品。

（2）闻：听数据告诉你的信息

数据带来的信息量的多少就在于用户分析、倾听了多少，目的是开始深入了解客户。例如，一家超市的会员购买记录显示在5月14日、5月28日、6月10日和6月22日，除了购买日常的生活用品之外，还购买了纸尿裤和奶粉。由此就可以轻松得出结论，该会员家里有婴儿。但是如果进行再仔细点的分析，她下次购买的时间大概会在7月5日左右，那么商场就完全可以在7月5日之前向这位会员发送相应的促销短信，这就是深度分析数据所带来的一些重要信息。

（3）问：挖掘数据的核心价值

一般而言，数据中最具有核心的价值并不会主动浮出水面，这就可能需要更多的数据来对其是否能够成为核心价值进行一定程度的佐证，而"问"的方法则是针对数据的核心价值进行深度挖掘的一个重要途径。我们仍以上述超市的会员购物为例，通过对该会员半年来的消费记录进行相关分析，发现她前两次购买了 A 品牌的纸尿裤，而之后每次都购买 B 品牌的纸尿裤，这就说明该会员逐渐偏向使用 B 品牌的纸尿裤，那么在进行相关的推荐时就尽量减少避免对 A 品牌的一种推荐。

（4）切：为客户"私人订制"

当分析并掌握了这些数据之后，就可以将客户精准定位到某一坐标点上，接下来要做的就是围绕这一坐标点对客户进行"私人定制"。例如，上面说到该会员放弃使用 A 品牌纸尿裤，那么 A 品牌的纸尿裤肯定是有什么原因导致该会员放弃购买，那就找到 A 品牌纸尿裤的缺点，通过对两种品牌的比较，找到该会员想要的那种类型的纸尿裤，再通过类比的方式找到该会员对于其他商品的选择态度，帮助商家和企业推出更贴合客户实际需要的产品。

（二）客户行为分析

1. 影响客户行为的因素分析

（1）生理因素

消费者可能会在某种程度上因为生理需要、生理特征、身体健康状况以及生理机能的健全程度而对消费行为进行改变。例如，某客户喜欢吃甜食，经常网购这些零食，而突然有一天他被检查出患有糖尿病，那么这辈子他都不会为自己网购甜食了。

（2）心理因素

心理因素主要是源自客户心理上对于某种事情的担忧，例如，一位消费者一直用某种牙膏，而有一天他看到新闻报道：这种牙膏可能含有某种有害物质，不管这则消息是真是假，他都会减少使用甚至不用这种牙膏。

（3）环境因素

环境因素又可分为自然环境因素和社会环境因素。

自然环境因素是一种最常见的对客户行为能够造成一定程度影响的因素，例如，有一位东北的朋友经常在哈尔滨用信用卡购买一些衣服，前段时间他被公司派往海南学习半年，而在他刚到海南的前两个月还经常会收到来自哈尔滨某商场羽绒服打折的短信息。所以，如果商家对该用户的具体刷卡记录只要多留意下，根本不难发现他现在其实并不需要羽绒服。

社会环境因素通常涵盖以下几方面的内容：

第一，经济环境因素，即宏观经济环境和微观经济环境。

第二，法律政治因素，如法律政策、党政纷争、社会动荡等。

第三，文化环境因素，如文化背景、宗教信仰、道德观念和风俗习惯等。

第四，科技环境因素，即某一新兴技术产品的问世对于原有科技产品的冲击，如安卓手机对诺基亚的冲击。

掌握了这些因素对于客户行为的影响，也就掌握了对客户进行长期定位的技术，为以后的精准推荐、精准营销打下了基础。

2. 商业行为分析

（1）产品分布情况

产品分布情况通常是客户在不同地区、不同时段所进行有选择地购买一些不同类型的产品数量，可以具体地获取当前营销系统的主要状态、各个地区的市场状况以及客户的明确情况。

（2）客户保持力分析

每家企业都有自己重点保护的客户群，如 VIP 用户，通过用户细分，寻找值得被保护的用户，使他们得到自己最贴切的服务以及最优惠的价格。细分标准可以是单位时间交易次数、交易金额、结账周期等指标。

（3）升级/交叉销售分析

对即将结束交易周期又有良好消费行为，或者有其他需求的客户进行分类，便于识别不同的目标对象，为下一次交易做好客户定位。

（4）消费者损失率分析

通过对用户行为数据的分析来判断客户是否准备结束商业关系，或正在转向另外一个竞争者。其目的在于对已经被识别结束了交易的客户进行评价，寻找客户结束交易的具体原因，以便提高自己的服务。

3. 客户忠诚度分析

（1）了解客户的需求

在对客户的需求进行了解的过程中，除了对客户使用产品的频率进行大致的评估，调查客户在哪些使用上存在一定的困难，通常还应该再多问一个问题：就是客户除此以外还需要来自其他方面的帮助吗？例如，一款新兴产品，能否提供在线视频帮助，通过在非常特殊的条件下对每个客户进行了解，能够实现在与他们的交往上更有目的性。

（2）找到高危客户

所谓的高危客户，实际上就是客户流失的最主要的群体，他们对企业、产品的忠诚度往往不是很高，所以，在有针对性的提高客户的忠诚度时，首先要把这类用户找出来"解决"掉。

其实对高危客户的数据进行分析之后，就能够轻易得出相关结论，通常会使用"采用率数据"来组织和管理相应的风险，例如，某段时间出售了100款产品，通过深入仔细调查，就能够了解到具体有多少客户一直在使用这些产品，根据这些信息就可以分析出客户对产品的所具有忠诚度，以及分辨请哪些客户是属于高危客户。

这是一个最早期的信号，需要分析者做一个全面的了解，且主动进行处理。

（3）让常客成为产品拥护者

在对产品使用的常客上进行明确确定，可以采用对数据的一个深入挖掘，这种方法非常具有价值，如他们会对成为一名拥护者有潜在兴趣吗？他们将产品推广到世界其他地方吗？常客可能购买更多产品，或者购买与之相关的产品，而让常客变为一名拥护者，他们会无形间对这种产品进行推广，当对这些重要的数据有了深入的了解，那么将会从这些客户那里得到最大化的收入。

三、客户精准定位研究

（一）做好客户细分

客户细分具体是指企业在明确的战略业务模式和特定的市场中，根据客户所体现出来的属性、行为、需求、偏好以及价值等因素对客户进行明确的分类，并提供一个有针对性的产品服务和具体的销售模式。

做好客户细分，需要进一步完成以下步骤。

1. 商业理解

在对客户进行细分之前，一定要多问几个为什么，集思广益，从而得到更多的信息和想法。例如，某零售企业要做新品推广，在以前的新品推广中，效果往往不是很理想，于是该企业决定抽取部分会员数据细分，尝试精准营销，以达到降低成本、提高转化率的目的，那么这里的大致细分目的就是为了降低一定的营销成本，从而提高相关转化率。

2. 数据理解

要想对数据的理解到位，就应该从业务理解的基础上找出相对较为合适的变量，进而为这些变量制订一个好指标。

（1）属性指标

具体包括客户的年龄、性别、职业、受教育的程度等。

（2）行为指标

具体包括购买频率、购买金额、使用次数、使用量、使用频率等。

（3）时间指标

主要包括年费用户、包月用户、使用时间、最近一次使用或者消费时间等。

（4）渠道指标

包括是实体购买还是网上购买，以及购买渠道的规模、购买渠道的信用等。

（5）地理指标

根据自己业务的范围，确定地理指标，如果业务面广，可分为华东、华南等地理指标；如果业务面不是很广的话可分为省市、区县等指标。

3. 数据获取

获取数据的来源渠道包括很多，一般来说，常见的主要有企业自身数据的相关积累，例如，可以从企业自身的数据仓库中进行获取，获取数据之后再对数据进行细致的整理筛选并对数据进行清洗工作，只有保证数据质量良好才能获得理想的效果，然后再将数据主要的变量做一个整理汇总，最后结合技术手段以及业务手段进行变量指标的筛选，找出最后用于建模的合适变量。

4. 数据建模

对数据进行建模的方法可以说是多种多样，那么按照不同的划分标准，这里主要可以分为两种，分别是事前细分和事后细分。

（1）事前细分

事前细分经常被用在客户流失模型、营销响应模型中，具体来说就是根据历史数据对好客户类型的一个定义，然后在此基础上再对未发生的进行整体预测，打上预测客户的标签。

（2）事后细分

事后细分就是只知道要对细分的多个维度进行重点的考虑，那么在应用事后细分模型之后，模型会对每个样本和客户打上类别标签，这样就可以通过这个标签来查看客户的性别差异、年龄差异、收入差异等，迅速找到具体的目标客户。

5. 特征刻画

对用户的特征进行刻画就是根据各群组所具有的特征，用一个比较有代表性的名字为其命名，并对每一类的特征进行相关的描述分析，对各群组的特征进行总结。例如，在电商领域，可以根据买家的成交笔数、成交金额、购买频率等进行详细的分类，具体可分为产品活跃客户、优质重点客户、单一客户和抑制性客户。

6. 调研验证

在细分完成以后，就要针对真实的市场和用户进行实地性的调研，这样做的目的是用于验证细分的准确性以及发现潜在可以开展的准确营销点。

（二）客户群定位

客户群定位的内容包括以下几方面。

1. 销售地点的选择

对于不同的产品而言，除了能够适用于不同的用户外，还应该能够适用于不同的地点，就像一般在寺庙周围卖香的商家，他们肯定不会到菜市场去卖。所以，这就说明一点，选择正确的销售地点能够决定产品的总体销量，所以这也是一个较为重要的因素，同时也是对客户进行精准定位的重要方式。

2. 客户消费能力分析

在经济得到高速发展和生活水平逐步提高的今天，人们的消费水平也在日渐提高，而且消费者所发生的行为日趋偏向于一个理性化状态，不再盲目进行选购，因此，就需要采用较为理性的销售方法，根据客户的具体消费能力来对保险进行相关设计、制定一个理性的营销计划。

3. 对客户的理性选择

在进行客户群定位时，一定要根据自己销售产品的特征选择目标客户，同时在进行客户群定位的过程中，要把握好客户群和分析的调查工作，这是进行准确客户定位的前提。

（三）客户精准定位的方法

客户精准定位的方法包括一次细分和动态调整两种。

1. 一次细分

在根据企业战略目标对于目标客户群体进行初步判别的轮廓之后，企业就需要对范围较大的目标客户群体进行一次细分工作。例如，以年龄层次、购买频率、购买支出占可支配收入的额度为标准细分，对总体目标客户群体进行线管的排序，从而在目标客户群中分出首要需要关注的对象、次要需要关注的对象和辐射人群。

（1）首要关注对象

首要关注对象，具体是指在总体目标客户群体中，拥有最高消费潜力的一种消费者，通常包括以下类型。

第一，刚刚开始接触和购买同类产品的消费者，如刚刚拥有一定能力买车买房的年轻消费者。

第二，经常性或者大量购买该类产品的消费者，如比较喜欢吃某种食物的消费者。

第三，对产品有最高期望值的消费者，如女性对于一些化妆品、时尚服装的具体需求。

第四，产品的早期使用者，或者是具有一些相关爱好的消费者，他能够在很大程度上产生一定的示范效应，从而对他人的购买选择形成一定的影响，如具有多年摄影经历的摄影爱好者。

（2）次要关注对象

次要关注对象具体是指与企业战略、目标存在一定的分歧，但是能为产品创造重要的销售机会的重要消费者。

（3）辐射人群

辐射人群具体是指处于总体目标客户群体内具有购买欲望最弱的一种群体，虽然他们所拥有的消费能力和消费欲望并不是那么强，但他们可以完全被企业的相关营销手段所影响，从而形成一种偶然购买甚至最终成为固定购买的群体。

2. 动态调整

虽然有许多的产品一旦被客户使用时间长之后就会形成一种习惯，可能会有较长的时期进行使用，但是面对市场竞争如此激烈的环境下，毕竟还会有一部分产品很容易被其他先进的产品进行替代，所以，许多企业即使在推出新产品时针对客户做了非常精准的一个定位，但还需要进行后期的跟进，如果不进行后期的动态调整，那么就会导致销售情况一天比一天差，就像诺基亚一样，由于当年没有跟上智能手机发展的脚步，没有进行相应的动态调整，以至于"连续14年占市场份额第一"的桂冠最终被别人夺取。

所以，当通过相应的数据分析后，对市场、客户群有了明确的确定，精准定位了客户时，就要为守住这些客户甚至不断壮大自己的客户群做好全面的准备，做好动态调整是进一步保证客户精准定位最终结果的一个重要途径。

第二节　数字经济时代的市场营销战略

一、营销战略的内涵

（一）营销战略的定义

麦肯锡认为营销战略是企业选择价值、定义价值、传递价值等一系列活动的组合。

美国市场营销协会（AMA）指出把营销战略作为企业创造客户价值组合的战略性工作，所有的工作围绕价值创造展开，营销战略是公司围绕目标客户的细分、定位以及在此基础上提供的营销组合4P工作，包括营销的市场细分、目标市场选择、市场定位（STP），以及相关的价格、渠道、促销和产品的工作组合。

菲利普·科特勒强调营销战略包括机会识别、客户吸引与保留、品牌创造、营销管理，公司应该关注外部机会在哪里，如何深挖客户价值、建立营销管理架构，并在此基础上创立品牌。

（二）成功数字营销战略的特征

在数字经济时代，数字营销是传统企业实现数字化转型过程中的一个关键组成部分。数字营销赋予了营销组合以新的内涵，其功能主要有信息交换、网上购买、网上广告、企业公关等，凭借着集成性、个性化、低成本、跨时空、交互式、拟人化、高效性等优势，解决了企业营销信息不对称、促销局限、广告效率不高等问题，是数字经济时代企业的主要营销方式和发展趋势。

数字营销对于数字经济产生有两个作用。一是融合与联结，具体表现在品牌传播方面，数字营销着力以组合的方式进行全媒体传播，媒介渠道不断整合，线上线下结合发展，传统企业时刻被数字营销的新观念、新形式所形塑，数字营销以一种整合的姿态，促进了数字经济时代下企业的转型、融合与联结。二是收割与贡献，具体表现在广告方面，一方面数字营销技术不断发展，另一方面随着受众行为的数字化传统广告迎来数字化转型，数字营销行业的产值快速增长，对数字经济的贡献也不断增加，成为数字经济的一种收割方式。

然而在传统营销战略转型阶段，有成功的企业，也有尚未成功的企业。从工具层面，大部分企业都采取了较为先进的数字工具，不过最终取得的效果却不尽相同，究其原因，因为有的企业在利用数字工具时并未指向营销的本质。以下五项因素基本可以概括成功数字营销战略的特征。

1. 连接

从互联网的进化史中，我们不难看出一条主线若隐若现地贯穿其中，如果我们要找一个关键词概括这条主线，就是：连接。在这个进化的过程中，人与人连接在一起，连接得越来越紧密，速度越来越快，广度、深度与丰满度越来越强。在任何时候、任何地方，任何事情（anything）都在这条进化的路径中被连接起来，突破了时空的边界。连接成为整个人类的生存状态。

"连接"是我们互联网、数字时代的本质之本质。如果说互联网+的时代、数字时代有 100 个特点，那么其原定律一定是连接，只有在连接的基础上才可以谈"免费的商业模式""社群""去中介化""粉丝经济"以及"平台战略"。新经济的本质就是以互联网为基础，把所有的事物连接在一起，在此基础上进行业务模式与业务运营的创新。

互联网的未来正是连接一切。连接型公司的重要目标是创造更多的连接点，成为一个开放平台，继而围绕着这个开放平台构建起一个大的生态链。如腾讯所言：传统互联网时代，腾讯连接的是人与人、人与服务。但在移动互联网时代，连接变得更加复杂，超越了单纯的人与人、人与服务之间的连接，融合进了人与线下、线上与线下等连接因素。

2. 消费者比特化

在数字营销时代，所有的消费者行为都可以被记录并跟踪。企业在制定数字营销战略时需要考虑如何有效地获得核心消费者的行为数据，并时刻关注这些行为数据的变化，更好地把握消费者动态。由于互联网可以通过数据来储存、描述和追踪人以及人群的行为，可以说我们变成了一堆可以连接到的数字。每天我们的身后都拖着一条由个人信息组成的长长的"尾巴"，我们点击网页，乘坐轨道交通，驾车穿过自动收费站，在银联商户上支付使用手机，而阿里巴巴、谷歌这样的公司，正在以平均每人每月 2 500 条信息的速度，捕获我们的详细数据，令人震惊的是，这些信息几乎已经等于我们的真实行为。

未来 10 年内，全球的数据和内容将增加 44 倍。大数据时代扑面而来，凭借大数据收集、分析和决策，营销的过程可以透明化，能否将自己的消费者与客户比特化，并进行追踪与分析尤为关键。

3. 数据说话

数字营销的核心之一就是数据的诞生、采集与应用，数据是在真实的互动行为中产生的，这些数据包括基于用户的用户属性数据、用户浏览数据、用户点击数据、用户交互数据等，和基于企业的广告投放数据、行为监测数据、效果反馈数据等。这些数据可以让企业更加了解顾客，也可以让企业自身更加清楚地监测自身数字营销战略是否有效，从而及时进行调整。大数据曾被人们称为新的"石油"，看似多维多样的数据通过科学的分析解读，使得企业能够通过分析结果得到行业发展现状以及提高预测行业发展趋势的能力，通过无形的数据创造有形的财富价值。

数据说话就是运营决策数据化，在数据积累、数据互通阶段，数据化运营并不迫切，但当数据源建立起来后，以用户为中心的跨屏互通后，如何分析、如何实现智能型的、可视化的数据呈现尤其重要。数据说话要跨越决策者和营销管理人员的主观判断，建立一套数字说话系统。

4. 参与

让消费者参与到企业营销战略中。在数字营销时代，消费者所反映的数据成为企业制定营销战略过程中最重要的一环，那么消费者在企业的营销过程中理应具有更重要的话语权。消费者可以被看成非企业管辖的，却同时保证企业正常、高效运转，推动企业决策的外部员工。从产品设计、品牌推广、活动策划、渠道选择等方面参与到企业中，能够让消费者对企业产生归属感。这样的企业提供的产品和服务更容易满足客户自身的需求，同时为企业赢得更多信赖和市场。

5. 动态改进

企业在获得消费者行为数据之后，首先需要对数据进行分析，然后根据分析的结果调整自身策略。由于现在消费者数据更新频率非常快，企业在自身战略调整的时候也需要快速迭代、动态改进，以万变应万变，保证当下的数字营销策略与当前的消费者行为时刻吻合。

二、数字经济时代下企业市场营销具体战略

（一）抢占移动互联网流量入口

互联网入口就是人们在接触互联网时最常或较常使用的上网方式、上网设备、工具软件、门户网站等。

当企业占据某个互联网入口后，可以从中挖掘出用户的需求、上网习惯和行为模式等重要数据，从而进行更为精准的营销。

1. 占领入口就等于拥有用户

抢占某一个领域的入口后，企业就等于拥有了这一领域的所有用户，这也是巨头们不顾一切抢占入口的原因。

在互联网上的模式和话题中，入口是一个无法避开的关键词，它是人们最常寻找信息、解决问题的一个方式。好比当年微软的 IE 浏览器占领电脑一样，只不过现在"入口战争的火焰"已经蔓延到移动互联网上了。

对于互联网入口来说，它们在很大程度上决定了占用户总数最多的那一群人的浏览习惯。

尤其是在"互联网+移动互联网"时代，网络经济就是入口经济，入口包括那些能够为其他应用带来流量的站点和工具，占领入口等于占领用户，等于掌握流量。因此，谁优先垄断了入口，谁就掌握了用户和现金流。

2. 巨头们抢占移动互联网入口

在 PC 互联网时代，浏览器作为互联网入口有着无可比拟的重要性，因此入口之争也主要围绕浏览器进行着。到了移动互联网时代，用户取得内容的行为和渠道发生了翻天覆

地的变换。因此入口的争夺也变得更为激烈。手机 APP 大行其道，浏览器则被淹没在海量的 APP 中，入口地位逐渐被削弱。不过，入口这个商业逻辑在移动互联网时代并没有改变，巨头们对入口的争夺必然会接续下来，而且由于环境的变化，入口大战比之前更加激烈。在移动互联网时期，精明的创业者、巨头企业都不会放过任何一个可能性的入口。对于创业者和巨头们来说，如果能够找到人们的衣、食、住、行，工作、学习、社交等环节的任何一个入口切入点，新的机会就将诞生。

（二）制定品牌战略

在数字经济时代，传统打造品牌的老套路已四处碰壁，企业必须掌握数字经济时代品牌打造方式的进化。企业如果跟不上时代的步伐，意识不到营销规则的变化，势必会被市场所淘汰，再大的优势也敌不过时代的发展趋势。概况来说，企业经常制定并采用的品牌战略主要包括以下几种。

1. 品牌有无战略

通常来说，现代企业都建有自己的品牌和商标。虽然会使企业增加成本费用，但也可以使卖主得到以下的好处。

第一，便于管理订货。

第二，有助于企业细分市场。

第三，有助于树立良好的企业形象。

第四，有利于吸引更多的品牌忠诚者。

第五，注册商标可以使企业的产品特色得到法律保护，防止别人模仿、抄袭。

古往今来，品牌还是一个强有力的竞争工具和手段。例如，一种品牌的出现，就会引发另一种品牌与之相呼应，品牌之间会产生一定的竞争作用，抢占市场地位，不断相互抵制，相互制约，进而一方发展，另一方在其竞争的作用下，或发展下去，或消失殆尽。

20 世纪 70 年代以来，许多西方企业对某些消费品和某些药品不规定品牌名称和品牌标志，也不向政府注册登记，实行非品牌化，这种产品叫无牌产品。所谓无牌产品是指在超级市场上出售的无品牌、包装简易且价格便宜的普通产品。企业推出无牌产品的主要目的是节省包装、广告费用，降低价格，扩大销售。一般来讲，无牌产品使用质量较低的原料，而且其包装、广告、标签的费用都较低。

2. 品牌统分战略

（1）分类品牌

分类品牌是指企业的各类产品分别进行命名，一种产品使用一种品牌。主要是因为：

企业生产或销售许多不同类型的产品，如果使用同一个品牌，势必会使产品产生混淆；有些企业虽然生产或销售同一类型的产品，但是为了区别不同质量水平的产品，往往也会分别使用不同的品牌名称。

（2）个别品牌

个别品牌指的是企业各种不同的产品分别使用不同的品牌。这样的好处是：企业的整体声誉不至于受其某种商品声誉的影响，一旦某企业的某种产品失败了，不会给这家企业的脸上抹黑；某企业原来一向生产某种高档产品，后来推出较低档的产品，如果这种新产品使用个别品牌，也不会影响这家企业已有的名牌产品的声誉。

（3）统一品牌

统一品牌指的是企业所有的产品都统一使用一个品牌名称。企业采用统一品牌名称战略的好处是：降低对新产品的介绍费用；如果企业的名声好，其产品必然畅销。

（4）企业名称加个别品牌

这种战略是指企业对其不同的产品分别使用不同的品牌，而且各种产品的品牌前面还冠以企业名称。采取这种战略的好处是：在各种不同的新产品面前冠以企业的名称，使新产品合法化，能够享受企业的信誉，而各种不同的新产品分别使用不同的品牌名称，又可以使各种不同的新产品各有各的特色。

3. 品牌使用者战略

企业有三种可供选择的战略，即：可以决定自己的品牌，这种品牌叫作企业品牌、生产者品牌、全国性品牌；企业也可以决定将其产品大批量地卖给中间商，中间商再用自己的品牌将物品转卖出去，这种品牌叫作中间商品牌、私人品牌、自有品牌；企业还可以决定有些产品用自己的品牌，有些产品用中间商品牌。

（1）品牌战

在现代市场经济条件下，企业品牌和中间商品牌之间经常展开激烈的竞争，也就是所谓的品牌战。在这些竞争的过程中，中间商具备很多的优势。零售商的营业面积有限，所以很企业都很难将自我的品牌打入市场，虽然消费者都知道以私人品牌出售的商品通常都是大企业的品牌，但是由于中间商注重对私人品牌质量的问题，仍能够吸引到顾客，赢得消费者的信任。中间商品牌的价格通常定的比企业的品牌低，所以，要迎合许多对价格品牌的顾客，特别是通货膨胀期，大零售商把自己的品牌陈列在商品醒目的地方，而且妥善储备。

（2）使用中间商品牌的利弊

目前，很多中间商品牌已经变成了品牌竞争的一个重要因素。但是中间商在使用自己品牌的过程中会出现一些问题：中间商需要花很多钱来为自己做广告，宣传自己的品牌；

中间商必须大批量订货，所以很多的资金都会被压在商品的库存问题上，而且需承担一定的风险。但是有弊也有利，中间商在使用自己品牌的过程中能够很好地控制价格，并一定程度上控制供应商；进货的成本较低，所以销售价格较低，竞争力较强，可以得到较高的利润。所以，越来越多的中间商都开始使用自己的品牌。

（3）品牌阶梯与品牌均势

十几年来，消费者一直存在着品牌阶梯的观念，自己喜欢的品牌位于阶级的最上层，随着自己的偏好程度依次递减，各个品牌的阶层依次降低。而现在对于人们来说，人们的阶梯观念越来越趋于淡化，取而代之的是品牌均势观念，在消费者来看，所有品牌都是一样的，他们所愿意接受任何正在出售的品牌。消费者越来越感受到明智消费的压力，对产品质量、价格、价值等非常敏感。对品牌的扩展和对产品线的扩展，导致很多产品都呈现出大同小异的状态。降价和特价造就了一代关注价格的新型消费者。商店品牌不断改进质量，并通过其连锁店系统增强了消费者的信任度，从而构成了对制造商品牌的一个重大挑战。

4. 品牌更新战略

品牌更新是指随着企业经营环境的变化和消费者需求的变化，品牌的内涵和表现形式也要不断变化发展，以适应社会经济发展的需求。乒乓球拍更新是社会经济发展的必然。只要社会经济环境在发展变化，人们的需求特征趋向多样化，社会时尚在变，就不会存在一劳永逸的品牌，只有不断地设计出符合时代需求的品牌，品牌才有生命力。品牌更新是品牌自我发展的必然要求，是克服品牌老化的唯一途径。

（1）形象更新

形象更新，就是品牌不断创新形象，适合消费者心理的变化，从而在消费者心目中形成新的印象的过程。

消费观念变化导致企业积极调整品牌战略，塑造新形象。例如，随着人们的环保意识的增强，消费者已经将无公害消费作为选择商品、选择不同品牌的标准，企业这时则可以采用避实就虚的方法，重新塑造产品的形象，避免设计环保内容或采用迎头向上的战略，更新品牌形象为环保形象。

档次调整。企业要开发新市场，就需要为新市场塑造新形象，为品牌的成长注入新的生命力。

（2）产品更新换代

科学技术作为第一生产力，第一竞争要素，也是品牌竞争的实力基础。企业的品牌想要在竞争中处于不败之地，就必须重视技术创新，不断地进行产品的更新换代。

（3）定位的修正或品牌再定位

从时代发展的角度，要求品牌的内涵和形式不断变化。品牌从某种意义上就是从商业、经济和社会文化的角度对这种变化的认识和把握。所以，企业在建立品牌之后，会因竞争形势而修正自己的目标市场。如竞争者可能继企业品牌之后推出其品牌，并削减企业的市场份额；顾客偏好也会转移，对企业品牌的需求减少；或者公司决定进入新的细分市场。因此，企业有时会因时代特征、社会文化的变化而修正品牌定位或再定位。

在做出品牌修正定位或再定位决策时，首先应考虑将品牌转移到另一个细分市场所需要的成本，包括产品品质改变费、包装费和广告费。一般来说，修正或再定位的跨度越大，所需成本越高。其次，要考虑品牌定位于新位置后可能产生的收益。收益大小是由以下因素决定的：某一目标市场的消费者人数；消费者的平均购买率；同一细分市场竞争者的数量和实力，以及在该细分市场中为品牌修正或再定位要付出的代价。

（4）管理创新

企业与品牌是紧密结合在一起的，企业的兴盛发展必将推动品牌的成长与成熟。品牌的维系，从根本上说是企业管理的一项重要内容。管理创新是指从企业生存的核心内容来指导品牌的维系与培养，它含有多项内容，诸如与品牌有关的观念创新、技术创新、制度创新以及管理过程创新等。

第三节　数字经济时代的企业组织设计

一、数字经济时代营销组织设计的原则

企业的持续增长和竞争压力，要求营销承担更多创新与利润引擎的角色；国际化使得企业必须面对更加复杂的区域、产品及市场匹配，管理更加边界融合的内部组织和外部客户关系；营销已经从手工、低速、直觉、碎片化时代进入自动化、实时、全样本、个体化的数据驱动的营销时代。企业有了很多新的营销工具和新的流程，比如内容营销、顾客决策旅程、顾客体验管理、消费者画像、跨渠道接触点管理、预测营销、顾客身份管理等，这些意味着营销组织必须面对新的流程和爆发性的数据量。以上所有这些变化都对营销组织提出了变革需求。在这样的营销环境下，营销组织的设计应当遵循以下原则。

（一）敏捷灵活

最近五年营销最大的变化就是移动互联网和社交媒体驱动的"顾客—企业"实时营销，企业和顾客在多个渠道几乎实时进行互动，这就需要企业构建全新的营销接触界面和

营造大量内容。如何管理打破现有组织界限的"客户互动"和"内容营销"是很多企业转型数字营销的一大挑战。以宝洁公司为例，其做法是构建集中和分布混合型组织结构。

1. 集中

集中营销内容的制作，因为这涉及跨多个不同部门的内容获取（产品、研发、品牌、设计等）内容策划、多种媒体形态、内容制作等，因此集中的资源和统一协调才能高质高效这个内容中心类似于一家媒体出版公司。

2. 分布

数字媒体发行渠道决策分布在各地采购部。数字渠道在各地是多样化的和本土化的，因此不适合集中购买。宝洁公司把媒体渠道购买工作分配给了采购部，由一个具备营销经验的小组负责。

在应对数字营销快速化冲击的挑战时，越来越多的企业采取了混合型组织模式，如联合利华、通用电器、红牛等企业。

（二）流程最优

有这样一个真实案例：一家全球性的 LED 照明企业（制造商）的主要产品是各种 LED 节能照明灯，其主要客户是各个企业和建筑商。他们的主要销售方式是通过各地代理商把产品销售给企业客户，制造商公司自己的直销团队负责大客户和复杂工程，代理商负责供货和当地协助。但是最近几年他们发现业务越来越难做，比如过去客户基本不太知道需要什么类型的产品和产品的安装设计，这都需要制造商指导，因此制造商往往给客户提供一揽子方案，这么做当然利润较高。可是最近制造商的销售人员发现他们第一次见客户的时候，客户已经非常明确地知道要什么甚至已经有了设计方案，这导致制造商对客户的影响降低而且价格竞争升温。制造商特别困惑，于是他们启动了一个关于客户如何购买 LED 的市场研究，制造商的研究团队与不少客户进行了深入的访谈，并且进行了实地考察。他们发现了令人吃惊的事实：LED 的产品使用已经发生了重大变化，原来仅仅是替代传统照明的节能照明产品，现在越来越多地加入了灯光艺术和灯光氛围应用。

设计师在顾客购买过程中开始变得越来越重要，客户往往会先找设计师咨询设计再找供货商。因此，提前在设计端就进入客户购买漏斗变得很重要。可是，如何才能了解和影响客户的设计呢？如何才能与设计师和客户设计负责人建立关系呢？除了实地拜访，构筑关系之外，制造商通过对互联网进行语义分析和社交媒体倾听，发现这些 LED 艺术设计师和客户设计负责人往往聚集在几个专业论坛和讨论组里热烈探讨各种新设计、新趋势、令人感兴趣的新项目。这个制造商还发现，这些论坛和兴趣组里居然没有任何一个制造商的专家参与讨论！发现了这些之后，制造商决定重新制定营销策略，把客户重新引进新的"购买旅程"。对此，制造商采取了以下几个举措：

第一，制造商专家加入讨论组，提供关于产品和技术的洞察与建议，帮助设计更好的技术和产品。

第二，制造商营销部门系统研究了 LED 艺术设计和品牌营销效果，发表了关于 LED 灯光艺术和品牌形象、营销效果、工作环境生产效率关系的一系列白皮书，并通过"inbound"（引流）营销的方式发放白皮书获得客户联系方式。

第三，通过倾听分析讨论组的对话，制造商邀请几位活跃的设计师共同设计了几种新的灯光艺术模型并拍摄了视频，在群里和讨论组里分享并鼓励转发。

第四，销售人员从营销部分获得感兴趣的客户，拜访客户，进一步梳理客户需求和参与决策人员的职务及联系方式。

第五，定制关于"设计、使用、经济、效果"的系列白皮书，将电子邮件杂志定向发送给不同客户的不同决策人和使用人。

第六，销售跟进，获得展示系统方案和报价的机会。

LED 的案例告诉我们，客户的信息获取和购买流程已经发生了巨大的变化，"前置型"营销要求迅速提高，因此组织必须相应地发生变化。营销组织需要重点关注以下三大关键营销流程。

1. 客户洞察流程

客户洞察流程产出关于客户身份、客户心理及客户行为的深入知识和可以指导营销战略与营销活动的信息。深入的客户洞察要求企业打破部门和职能界限，整合全方位的多层次数据和富有创意的数据分析能力。与过去完全依靠问卷调查和焦点小组获得客户信息的方式相比，今天企业获得客户数据的渠道和方式已经空前多样化了，包括：从移动端获得基于位置和场景的客户数据、线上电子商务平台获得客户购买行为和购买组合数据、社交媒体倾听数据、线下营销活动数据、商超销售数据、广告数据和人口结构数据等，这些数据的处理和分析对营销组织与人员提出了全新的要求，需要具有营销战略分析及商业分析能力的营销人员。不少领先企业围绕该流程建立全新的营销组织和营销团队。因此，有效地实施该流程需要两个关键条件：第一，新技能：企业必须具备数据工程和商业智能分析的团队；第二，新营销组织结构：必须打破部门和职能设置，无缝地分享和整合多层次数据及信息。

2. 客户沉浸流程

客户沉浸流程产出高忠诚度的客户，通过利用上一流程对消费者洞察的信息进一步描绘前文提到的"顾客决策旅程"的全过程，从而梳理出从"客户需求唤起""搜寻信息""比较选项""使用体验""分享传播"，再到"第二关键时刻"等所有与企业产品和服务的"接触点"。企业将围绕这些接触点进行营销，比如内容营销、人员营销、线上线下促销、市场活动等，这些营销活动的目的包括以下两方面。

第一，协助客户高效、顺利地完成决策流程。

第二，引导客户进入企业设计的购买流程并成为忠诚客户。

要达到以上目的，企业需要建立跨部门的流程管理主体，建立多部门协同机制以及新的绩效监督标准。

3. 关键客户管理流程

关键客户管理流程是针对企业各个具体客户情况实施的差异化营销管理流程，通过该流程企业可以获得高质量的客户关系和绩效。在大多数 B2B 企业当中，营销的主要任务是识别高质量客户并与之建立个性化的价值关系。如何区分不同的商机，如何辨别客户价值，如何与客户建立关系，如何提升客户终生价值是这个流程的关键任务。这个流程首先通过研究企业现有最佳客户从而提出"企业最佳客户特征"，然后按照此特征梳理企业的现有客户和潜在客户，并结合购买模式、购买紧急性、客户购买决策优先度等维度，从而确定"客户分级组合"，之后针对不同级别的客户分配不同的营销资源和渠道。一旦确定了"客户分级"，下一步就是通过线上和线下资源获得客户中各个级别决策人的联系方式和个人特点信息，然后通过大数据和社交媒体倾听，针对不同的决策者制定个性化的"营销内容"，这些内容可以是演示视频、白皮书、电子邮件，也可以是市场活动和在线研讨会邀约，它们将通过营销自动化分发平台（如 CRM 系统）发送给各个决策者并监控对内容的反馈以及协同销售人员的跟进。

这些流程贯穿了企业的价值创造全过程，需要很多非营销部门（比如客户服务、研发、维修、物流）进行协同。因此，设计新营销组织时，企业必须要做到以下几点。

第一，明确总经理办公室的战略定位和管理边界，即不再是职能型领导，而需要对企业业绩负责。

第二，设定新的汇报体系，直接和间接对总经理办公室汇报的部门。

第三，建立新的协同领导组织，如流程委员会。

第四，制定新的绩效考核指标，将总体客户满意度和销售增长作为重点考核内容。

（三）绩效最优

企业营销活动过去是成本中心，现在必须转换为利润中心。研发、营销、销售、服务将被打通，以营销为核心带动企业的销售收入和利润增长。其中，关于客户和商机的信息流是关键，而获得更多优质客户，提升客户钱包份额，提升客户终生价值是实现业绩增长的具体手段。过去，企业关于客户的营销决策和数据是分散在各个品牌单元、渠道部门和区域营销机构的，企业缺乏集中的数据管理和全方位的客户视角，导致企业无法实现深入客户洞察，提升客户终生价值，扩大客户钱包份额，实现交叉销售和向上销售。如今，营销自动化平台和集中的客户仓库的逐步使用，要求企业必须在组织层面把分散的数据集中到平台上进行管理和分析，而各个品牌与渠道可以按需要获得和分析数据，支持其营销活动。在这个营销自动化和数据集中化的平台上，企业可以集中使用各个"增值分析工具"，深入挖掘数据的营销价值。

1. 平台工具

数字营销基础设施平台主要包括两大部分：营销自动化系统和客户数据仓库。这一平台的核心价值在于帮助企业实现"穿透式客户身份管理"和"大规模定制化营销"。穿透式客户身份管理是指企业可以通过整合来自各个方面和线上线下的数据把客户的真实身份与其各种购物相关行为进行精准匹配，从而直接管理针对单个客户的营销。

2. 客户联系方式发掘工具

企业对潜在客户的具体组织结构、各个决策级联系方式进行获取和管理。

3. 商机发掘和优化工具

企业可以对现有客户和网络信息进行分析，判断其销售潜力和可行性从而优化客户列表，确定客户分级管理及客户开发的优先顺序。

4. 客户洞察分析工具

该工具可以帮助企业对客户的需要特点、购买动机、购买时机、购买渠道、购买特征进行分析从而制定有针对性的营销策略。

5. 个性内容定制工具

企业可以根据以上客户洞察成规模地开发定制化沟通内容（视频、白皮书、研究报告、邮件和网络研讨会）。

6. 互动管理工具

企业管理和传递1：1的定制化内容给目标客户并实时互动。

7. 一站式营销管理中心工具

企业可以把以上营销专业活动和企业的营销综合目标整合起来，从而定量和实时地管理企业营销战略目标实现过程。

二、数字经济时代的数字化变革框架

数字经济时代的数字化变革框架包括三个部分：

（一）数字规划

数字规划主要包括以下几方面内容：

1. 想要改变的欲望

任何一个好的转换框架都始于正确的心态和适当的紧迫感。组织上下必须接受和适应世界正在变化的事实，然后迅速做出改变。员工需要意识到技术对企业文化和公司未来业务已经产生并且还会继续产生的深远影响。最为重要的是，高层管理人员必须以开放的心态来改变优先顺序，并使这一信息在组织的各个层面上延续下去。这种改变的欲望代表了组织数字化转型的基石，是所有组织在未来数字世界中取得竞争地位的必要基础。并不是组织中的每个人都愿意打破他们已经坚持了几十年的规则，也不是每一个高层管理者都能一开始就接受这种改变。但是，企业必须获得足够的内部动力，使整个组织都能感受到快速改变的迫切性。

2. 数字领导

当组织内有足够的人员（包括高层管理者）愿意接受改变时，组织就需要识别和培育实现转变的关键人员。公司需要各个层次和职能部门的员工支持拥护数字化范式，并积极地传播数字化带来的机会。理想情况下，这些数字领袖应是有较大影响力的高层管理人员。然而，通常情况下，他们却是对数字化媒体有着深刻理解并且强烈希望组织改良的中层管理者。推进组织数字化的愿望，往往通过组织机构向上传递给高层领导，向下传递给关键岗位上的年轻员工。在许多情况下，公司的数字领袖们会自发地聚集在一起，创建数字化思维中心。

整个组织的数字领袖以及非正式的数字化思维中心，应该被正式地组织并聚集在一起，创造一个有凝聚力和统一的"数字委员会"。我们强烈建议这个委员会由公司所有重要业务单元和职能部门的代表组成，包括人力资源、法律和合规部门、IT 等部门。要组织一个有实权且有目标的数字委员会，还需要有几个支持推动数字变革的高层管理者（包括企业最高管理层），他们也必须认真考虑委员会的建议。

3. 数字愿景

当数字委员会召开会议时，它只有一个单一的目标，它应该回答这一问题："为了适应迅速发展的数字世界，我们的组织未来应该是什么样的？"虽然当前结构和政策为基础的变革的确很有诱惑力，但我们必须明白，最初不应该用这种方法开始数字化组织的思考。相反，数字化愿景是创造一个理想化的、有激励作用的组织，最大限度地提高组织效率和灵活度，同时还要坚持公司使命和核心价值观。应该从头开始进行整个组织的重建，仔细考虑所有重要的职能部门，就如同没有现存的组织结构一样。需要注意的是，规模越大、越分散的组织，这个过程就越困难。因此，大型组织也需要数字思想领袖投入更多的时间和精力来创造一个有凝聚力的组织愿景。详尽记录和整理这一愿景，使其更加直观或使其对高层管理者而言更加清晰易懂。这一愿景可能几乎与公司现状完全不同，但这是可以接受的。事实上，组织愿景的许多部分可能是不可实现的。然而，组织愿景为组织提供了一个统一的目标，并通过展示现实与理想之间的差距使组织成员意识到紧迫感。建立数字化组织的统一愿景后，数字委员会接下来可以获得开始数字化变革进程所需的资源。

4. 组织评估

当一个组织有一个变革愿景并具有领导能力和人格魅力的数字领袖时，领导人往往会开始攻击官僚制度（传统的等级制度），并试图立即做出改变。大多数情况下，在单一部门率先做出改变往往会面临诸多反对，还可能会与对组织内其他部门仍然有效的长期既定政策和流程产生分歧和矛盾。相反，我们建议通过一个更合情理和合乎逻辑的方式开展有效变革。在这一阶段我们经常会问及组织以下这些问题：

第一，与数字化愿景相比，你的组织目前处于组织内、外部职能领域的什么位置？

第二，与工作人员的行为要求相比，你的工作人员在执行数字战略时的表现如何？

第三，哪种结构领域和哪些政策问题亟待改革？

第四，哪些需要在中期或长期内改进？

为了回答这些问题，建议公司在组织范围内对个人和部门能力进行全面评估。对于大型组织，如果数字委员会能够获得一个或多个伙伴公司的援助来进行这项分析并提供外部见解和观点，这无疑是非常有益的。该评估应分析三个关键领域。

第一，内部组织结构和流程。这部分通常包括对组织结构图和报告政策的分析，以及对人力资源、法律法规的审查。

第二，数字渠道的外部表现。该项调查可以由第三方组织利用数字渠道的公开数据展开，并以此将组织的绩效与竞争对手相比较，我们称之为数字基准。

第三，数字知识、认知和行为方面的人力资本能力。最好给组织内的每位员工（或是在组织内随机抽样）一个10分钟的简短测试。该测试的汇总结果能反映出组织内各职能部门和管理水平上人力资本数字优劣势的全貌。

组织很容易选择跳过这成本高昂的一步（有很多企业确实如此），从而使自身的利益受到损害。当一个组织不知道自己当前的状况时，该如何实现其数字化愿景？以上分析回答了这一问题，并为组织变革创建了一个有效的路线图。此外，这些分析还为数字委员会提供了价值巨大的数据和见解，有助于数字化愿景的延续并提高组织内部员工对该愿景的接受程度。

5. 变化路线图

评估阶段收集的数据，将成为与管理者及组织其他部门沟通数字化愿景的基础。员工更易于接受有数据支持的愿景，特别是当愿景中非常清楚地强调了公司内外部的弱点来说明需要变革时。既然委员会已经有大量数据表明组织当前的处境以及清晰的组织未来的发展方向，下一步就是创建具体、详尽的变革路线图。

由于该路线图涉及组织的每个职能部门，所以该路线图以公司当前状态为起点，以数字化愿景为终点。我们建议应该根据组织目前的状态、规模和结构，花费一到五年的时间来完成整个过程。应该在这两个端点之间制定一些有明确预计完成日期的里程碑（至少3个，最多10个）。每一个里程碑都应该完整地描述各个职能部门，清晰地记录相对于当前状况的明显改善，以及为数字化愿景设定的最终目标的明确进展。我们建议使用迷你路线图对这些中间目标的实现方式进行详细记录，并对角色和责任、时间和资源分配方案做简要说明。我们还应该参考相关部门的变革和路线图以保证政策和流程上的一致性。

（二）规划实施

规划实施的内容主要包括以下几方面：

1. 数字化培训

为了帮助组织各职能部门实现其数字化变革的里程碑，我们建议对员工实施有针对性的、定制化的数字化教育。组织范围的评估应该揭示组织人力资本和各职能部门中数字化能力的优势和劣势。这些宝贵的数据可以用于为特定部门设置培训计划，也可以为更全面的培训计划选拔人才。数字化教育可以在组织内部实施，也可以从外部引进高校和咨询机构作为合作伙伴来实施。以强生公司为例，该公司的三阶段数字化培训教程包括以下几方面：

（1）1.0网络课程
该课程的内容是介绍性的，收益成本益比高，并且能覆盖到大多数员工。
（2）2.0网络课程
该课程是一个深入到每个数字化渠道的面对面的、集约化的、4天期的实操课程。

（3）3.0 课程

该课程深入到具体的数字化渠道和策略，以此来帮助强生公司培育数字领袖和专家。

这三个层次的目的是允许员工根据自身能力水平选择适当的培训课程，同时也使那些想要得到（或需要得到）更深层次数字化教育的员工有进一步提升的机会。

在建议结束相关培训时，参与者在受到学习启发后，要围绕可操作的数字化项目提出相应的计划实施方案。如此，许多这样的数字化项目就可以转变为新的数字化活动的可行性建议。

数字化教育的结果非常具有启发意义，它是数字化转变过程的重要组成部分。在数字化转变过程的更早期阶段，企业要通过有针对性的数字化教育来激发员工的变革欲望，并培养出数字领袖。

2. 资源配置

当组织内各职能部门致力于实现数字化愿景过程中的各个里程碑时，资源配置对这一过程来说也是必不可少的。为了实现数字化目标，必须先留出预算，并把数字化工作时间写入员工的工作计划书中。为实现这些目标，所留出的时间必须是充足的，否则将不可避免地挤占员工处理其核心任务的时间。在这一阶段，高层管理者在决策时尤其需要优先考虑数字化愿景，不要让日常运营事务挤占数字战略和变革措施的预算和时间。授予部门主管和数字委员会特殊的权利，是高层管，理者保持各职能部门有序运行的一种方式。在这一阶段，数字委员会将管理整个变革过程，可能会成为各职能部门和高层管理团队之间的联络者。数字委员会应定期召开会议，由各个职能部门的代表讨论变革进展情况。这些会议还将有助于促进组织内部的沟通，调整所有职能部门的工作并使它们同时改进，以最大限度地减少冲突和矛盾。但这可能会导致委员会减缓一些职能部门的变革速度，而加快其他部门的变革速度。数字委员会和高层管理者们，还必须保证职能部门的代表（尤其是部门主管）为不遵循数字路线图和未能成功将数字化融入其经营活动中承担责任。

3. 数字化预测试

为了激发数字化转变的动力，让整个组织了解转变的进程并为其欢欣鼓舞是非常必要的。建议通过电子邮件或内部社交网络定期更新有关数字化变革计划的进展情况。结合组织结构的变化，各业务单元也应该将数字化战略纳入其营销和经营工作中去。应该把这些利用数字化媒体展开的创新和跨渠道活动当作预测试，并将预测试的结果在企业范围内分享。数字化过程中所取得的成功，不管期限再短、规模再小，都应该予以公示和庆祝。对于大型组织而言，可以建立基于投资回报率结果的案例研究，以此来促进与组织内其他职能部门的共同学习。

在约翰·科特行之有效的变革八部曲中，第六部就是"取得短期内的胜利"。我们坚定地认为这一概念应被纳入任何一种连续的变革管理过程中。虽然一些业务单元已经利用数字战略取得了一些成效，但是，仍然有许多功效尚未得到全部发挥。不管创新不足是由于领导者过于保守引起的，还是由于害怕数字化变革投资风险造成的，数据表明这些短期的成功是能够使人信服的。这些业务单位可以看到，其他业务单元有试水数字化的勇气并取得了成功。这些成功是鼓舞人心的。他们也意识到，本部门的创新和成功同样可以获得组织范围内的赞许和宣传，这也将进一步激励他们采取数字化行动。取得和庆祝短期成功的概念是建立数字化文化的重要组成部分。

（三）数字文化的形成

数字文化形成的内容主要包括以下几方面：

1. 勇敢文化

创建勇敢和学习的组织文化，要求企业对管理理念、薪酬结构、人力资源原则以及法律法规的理解具有高度的一致性。高级管理层必须首先通过沟通使这种文化沿着组织结构向下传递，从而为整个公司奠定基础并为职能划分提供许可，以及为公司运营的有效改变（按照数字路线图）提供激励。例如，人力资源应该招聘有数字化技能、雄心勃勃并敢于冒险的人才，在评估当前员工时也要着重考虑这些因素。此外，人力资源部门还要提出合理的薪资结构，激励员工行为与组织的数字化愿景保持一致。如果奖金只是以完成预定收入、利润和盈余目标为前提，那么管理者们就会认为那些无法产生当期收益的风险会损害自己的年终奖金。相反，应该加大对成功冒险的奖励力度，最低限度地惩罚失败的冒险（前提是，这些冒险同样是经过深思熟虑的），考虑员工遵守数字化愿景的整体情况。来自管理层和人力资源部的信息也应该保持一致。

由于法律和合规部门往往是阻碍创新的武器，这些部门发挥着前所未有的作用。我们承认这些部门在保持组织一致性和避免违法问题方面有着举足轻重的作用。然而，我们发现，当市场营销人员和工程师提高数字化进程的自由度时，法律和合规部门就会采取管控措施改变创新方向。其中有些管控是合理的，但大多数都是不合理的，仅仅是出于对未知的恐惧，或是源于缺乏具体的政策来处理与数字化渠道有关的问题。事实上，许多大型公司仍在试图将数字策略融入现有的指导方针中，并未意识到这些渠道的及其影响独特性。在当今数字世界中，法律和合规团队必须出席数字委员会的会议。他们必须致力于不妨碍创新的灵活的内部和外部政策，跟上快速发展的数字世界。不仅需要制定针对数字化平台制定相应的规章制度，还必须不断地对其进行修订和更新，以达到创新的最佳实践。创建数字化计划的内部管理策略对于实现一个完整的数字转换非常重要，企业需要予以重视。

2. 数据文化

以投资回报率作为决策下限来做等价评估的公司，在数字世界中有更好的生存机会。但是，不应该只有营销人员利用数据进行决策。事实上，应该将数据收集和分析融入企业文化结构中，而且应该为企业所有部门作出正确决策所用。销售团队应该用数据来优化促销活动，供应链和生产部门要利用数据来提高物流和生产效率。创意团队、运营部门、工程师、研发部门、通讯部门、公关部门、IT 部门，甚至会计和财务部门都可以利用收集和分析的数据作出正确的大大小小的决策。此外，应该将这些数据作为一个整体进行存储、收集和组织，使得组织中某一部门的洞察力也可以为其他部门所用。我们建议为了组织的整体利益，由组织内一个单独的团队负责收集、整理和挖掘大数据。数据依赖型文化是指员工在做决策时，首先要看数字，然后才能依靠自己的直觉做出选择。这意味着，估计并不是基于一般的猜测，而是基于具有实质意义的历史和行业数据。最后，还意味着缺乏适当数据支持的假设将在决策过程中被淘汰。大数据，以及数据利用技术，会在未来 10 年里变得越来越重要，它们将有助于未来的大型组织与那些更加灵活和创新的初创公司争夺市场份额。

3. 统一组织

未来数字化组织的理想状态是能够将数字化能力均匀分布在整个组织中。每个部门的每位员工，都对数字世界，特别是他们自身应该具备什么能力才能够在数字世界中保持竞争力有具体的了解。此外，各经营部门要彼此衔接，有效地共同工作，在没有任何误解的前提下迅速实现组织的共同目标。这种理想的组织几乎是不可能实现的。事实上，每种组织结构都会产生削弱组织灵活性的组织壁垒，并且协同工作的各团队及部门在能力和理解力方面也存在差异。然而，尽管存在报告等级，员工也必须将组织看作一个统一的整体，与组织内其他团队一起实现组织的特定目标。高层管理人员应该采取措施促进这一观点的形成，同时还要对组织结构和政策进行调整，促进数字化愿景的实现。如果不能完全消除组织壁垒，至少可以拉近各部门之间的距离，并使各部门间的业务联系在一起。

使各部门彼此依赖的一种方式就是召开强制性跨职能团队会议。例如，从产品研发部、营销部、销售部和监督部门选取代表，每周或每两周召开一次虚拟（或面对面）会议。在会议中，代表们可以讨论目前数字化的进展情况以及各部门在这一过程中所处的位置，在问题出现和造成损失之前就诊断出潜在问题。将这一观点进一步深化，我们建议大型组织要在每个职能部门明确"跨职能员工"的概念。这类员工应该具备多种能力，深入了解两个（及以上）部门的业务，最好是具备这两个部门的工作经验。他们需要同时与这两个部门的团队和领导打交道，但一般直接向一个更高级别的领导层而不是向这两个部门的领导汇报工作。选用优秀的跨职能团队和员工有助于消除组织结构产生的壁垒，并提高需要多个部门共同完成的复杂任务的工作效率。不管组织最终决定采用什么样的方式实施数字化变革，构建能够使各职能部门实现有组织且高效率沟通的组织结构，是数字化变革过程中必不可少的一部分。

第四节　数字经济时代的市场营销管理

一、数字经济时代下的市场营销目标管理

（一）目标管理理论在市场营销中的应用

1. 市场营销目标管理的重要性

现代企业的平稳可持续发展离不开市场营销，企业必须在了解市场条件和自身情况的基础上进行精准的市场营销，从而不断提升自己的市场竞争力。而想要开展精准的市场营销，首先就要明确市场营销目标，以该目标为指导开展具有针对性的市场营销活动。企业应该避免制定单一或片面的市场营销目标，因为在这样的目标引导下很容易出现错误的市场营销行为，从而阻碍企业的健康发展。目前随着全球化进程的不断加快，市场竞争越来越激烈，提高产品销售量，最大限度获得产品收益成了诸多企业唯一的营销目标，这种单一化的营销目标一方面提高了企业的收益，为企业的未来发展积攒了充足的物质基础，但从另一个角度来说，只以提高销售量为目标的单一营销目标往往忽视了实现目标的过程，只关注目标结果，因此，当在面临消费者权益优先还是企业利益优先这个问题时，容易出现错误的决策。因此，为了避免可能出现的危机，企业经营者在制定企业营销目标时，必须创新管理思路，从发展的全局角度出发，制定一套系统综合的目标，避免营销目标过于单一，同时，制定一套完整的营销目标管理制度对营销目标加以监管。

2. 应用目标管理理论的优势

首先，企业在制定营销计划时应该注重可执行性和可评估性。一方面，只有制定合理的营销目标，才可以以为为指导开展成功的市场营销，科学合理的营销目标是市场营销顺利进行的重要保障，相反，具有偏颇性的营销目标则无法指引营销计划的顺利实施；另一方面，对市场营销的完成情况进行评估需要有明确的营销目标作为标准，只有这样才能保证评估的准确性和科学性，明确的营销目标有助于评估营销计划的优势和不足。其次，为营销结果的绩效管理提供了依据，绩效管理的重点是将结果与量化的目标进行比较分析，

营销目标管理将企业整体营销目标进行合理的分解，不仅强调对结果的分析，同时强调对过程的分析，提高了纠正偏差的可能性。最后，营销目标管理有利于加强对企业自身行为的规范管理，避免了为达到单一目标而不择手段进行营销的行为。

3. 企业营销目标设立的内容

企业营销目标设立的内容包括以下几方面：

（1）设立企业市场营销总目标

企业为了自身的生存和发展有必要明确市场营销总体目标。建立市场营销总目标，一方面可以满足企业追求利益最大化的需求，另一方面可以以此为基础帮助企业明确新目标。只有目标明确，企业才能沿着正确的轨道前进。

（2）设立各部门营销目标

一家企业是由各个部门组成的，为了市场营销总目标的实现有必要建立市场营销的部门营销目标，在建立这一目标时企业需要严格遵循整体性原则和协调性原则。整体性原则是指部门营销目标的设立必须符合总营销目标，因为企业和其各部门之间是整体与局部的关系，整体居于统率指导地位，局部离不开整体，应该具有全局的观念，即部门目标不能凌驾于企业总目标之上。协调性原则体现为企业各分部门之间要加强交流与沟通，一方面避免目标重复设立，造成企业资源浪费，另一方面避免目标冲突，导致各部门利益及企业整体利益受损。

（3）设立个人营销目标

企业员工是企业的组成部分，企业市场营销目标的实现需要依靠企业员工的努力。在设立企业员工个人营销目标时，必须保证该目标与部门目标和企业整体目标相契合，保证各个目标的利益一致性。在充分了解企业营销目标和部门营销目标后根据自身现实情况制定符合要求的个人营销目标。从企业总营销目标到部门营销目标再到个人营销目标设立的这个过程是目标管理中目标层级化的过程，将目标分解成不同的层级以备更好地进行管理是目标管理中的一个重要环节。

4. 目标管理理论应用中存在的问题

企业管理者将目标管理理论应用于实践中时，必然会面临很多困难和问题，而只有了解并解决这些问题才能保证市场营销目标的顺利实现。主观问题主要表现为企业市场营销总目标制定者和企业营销目标实施者之间的矛盾。价值观念、营销能力以及受教育程度等的不同，必然会在制定者和实施者之间形成一定的阻碍，营销目标的制定无法估计到不同层级不同营销人员的切身情况，也就导致无法满足所有人的期望和需求。客观问题主要表现为经济和社会两个层面，经济层面指的是，全球经济的发展处于持续的变化之中，企业所面临的内外部环境也在不断地调整和变化，要想顺应经济时代的变化，就必须准确地把握经济发展的规律，并对此做出及时的回应。顺应经济发展潮流的营销目标会取得成功，无法快速感知经济变化，违背经济发展规律的营销目标将对企业造成巨大的负面影响。因此，对于企业的管理者来说，如何运用企业现有的资源对内外部环境变化做出适时调整，以保证企业的市场营销目标符合经济发展规律，是对其提出的巨大挑战。社会层面指的是，作为社会这个大分子中的一个小分子，企业肩负着一定的社会责任。企业营销目标的设立不仅仅要考虑企业自身的发展利益，同时要坚固社会的整体利益。一切有损社会利益，与社会需求脱节的企业营销目标都无法得以实现。

当前我国市场面临着剧烈变动，市场经济快速发展，对外开放程度不断加深，网络等信息技术发展迅猛，现代企业的市场竞争环境不断变化，增强自身竞争力成为生存和发展的重要手段。尤其是随着电子商务的出现和发展，很多传统企业面临转型困境，互联网化成为现代企业发展的重要趋势。目前，很多企业已经成功利用微博、微信等现代媒介进行营销，大大改变了传统的营销模式。在传统营销手段不断更新的情况下，企业经营者的营销理念也必须随之发生改变，市场营销目标管理是正是基于目标管理理论发展起来的一种新型营销管理方法，但企业如何正确运用目标管理理论实现市场营销目标的精准运营是企业管理者需要不断思考和解决的问题。

（二）降低成本

企业开展数字经济时代下的市场营销相较于传统营销最直接的竞争优势便是对成本费用的控制。数字经济时代下的市场营销建立在的新型营销管理模式上，运用互联网及互联网思维实现对传统的企业营销管理组织结构以及运作模式的改造，同时对其他相关业务部门进行合理整合，以此实现对企业成本最大限度地控制。

1. 降低营销及相关业务管理成市费用

互联网通过开放的统一标准连接各种类型的计算机，以此为基础实现计算机资源和信息的最大限度共享，通过互联网还可以进行远程信息交流和沟通。随着互联网的快速发展，已经有很多企业将互联网融入企业管理中，并以此获得了很大的经济效益。企业可以利用互联网降低管理中各项成本费用，如交通、通讯、人工、财务等方面的费用，这样就可以很大程度上提高管理效益。很多人选择在网上创办企业，因为这样可以用比较低的成本管理企业，对于年轻创业者来说这样可以帮他们寻求更多发展机会。

（1）降低人工费用

在传统管理过程中会有很多业务和环节需要人工处理，但是其中很多业务现在都可以利用计算机和互联网自动完成，因此可以降低一定的人工费用。例如，美国戴尔公司最初的直销业务，需要人工进行电话或邮寄进行，但在使用互联网进行直销后，用户便可以直接在线选择相应的产品下单。通过这种方式戴尔公司提高了经济效益，用户可以自行选择心仪的产品，戴尔公司也可以省去一部分用来雇佣电话客服人员的资金，并且这还可以避免电话订单中很多无法明确的因素，因此提高了业务效率。由此可以看出，将互联网应用于企业管理，一方面可以提高工作效率，还可以避免人工因素造成的损失。

（2）降低交通和通信费用

很多全球性企业业务涉及范围广泛，企业内地业务人员和管理人员必须和世界各地的业务相关者保持密切联系。很多跨国公司的管理人员和业务人员需要花很多的时间和金钱在交通上，因为他们需要经常出差到各地了解业务进展。但是互联网技术就可以很大程度上降低他们在这方面的费用，因为通过互联网可以使用 E-mail、网络电话、网络会议等方式进行跨空间沟通。

对于一些中小型企业，互联网为他们提供了更多发展机会，不用担心大额交通费和通信费就可以通过互联网拓展业务。1995 年，美国有一个女孩在家里创办了一家网上花店，她的业务覆盖美国，而她需要的仅仅是一台可以上网的服务器和几个帮她邮寄商品的员工，因为只要服务器通过互联网发布产品信息并接收订单业务就达成了。之后这个女孩和美国联邦快递进行联网，花店在网上接到的订单信息经过处理后会直接转交给联邦快递，由它将鲜花直接从花棚送到订单的收货地，整个交易的过程都通过互联网完成。

（3）降低办公室租金

商业企业利用互联网可以实现无店铺经营，工业企业利用互联网可以实现无厂房经营。例如，亚马逊公司的网上书店业务搭建在互联网上，消费者只需要在网上选择图书并下单就可以完成交易，亚马逊公司的这项业务并不需要租用繁华地段昂贵的办公场所。目前，很多在互联网上开展业务的企业都将自己的办公室从城市中心搬到了近郊地区，这样可以避免城市拥堵交通带来的麻烦，还可以降低企业的办公租金成本。对于生产类企业，可以通过互联网将其产品的生产工作发包给其他的企业生产。例如，美国戴尔公司的电脑有 90% 都不是由该公司自行生产的，而是通过互联网将其产品生产发包给其他制造企业，戴尔公司负责为制造企业提供技术、软件和品牌，商品经过检测出厂后直接发给用户。由此可以看出，通过互联网可以实现全球性生产合作。

（4）降低企业财务费用

通过互联网可以实现企业管理的信息化、网络化，可以很大程度上降低企业对一般员工、固定资产的投入以及企业日常运转需要的费用开支，由此企业可以节省大量资金和费用，相应的企业财务费用需求也会有很大程度降低。正如此，人们可以使用很少的资金开展创业发展。人们只要有好点子和少量资金就可以通过互联网着手创业，虽然企业的后续发展需要一定风险资金的介入，但是至少在起步阶段少了很多资金上的硬性要求。

2. 降低销售成本费用

互联网的产生和发展为企业带来了全新的销售模式和管理方式，利用网络直销和网络促销等销售模式可以帮助企业降低销售成本。

（1）网络直销可以降低销售渠道费用

通过互联网可以跨越时间和空间的限制进行信息的交流和交换，可以用低廉的费用在任何时间任何地点开展一对一交流。通过互联网进行直销，可以帮助企业扩展其业务覆盖范围，在全球范围内开展业务；用户可以通过互联网自由访问企业网站，自行查询需要的产品信息并自助订购产品。通过自动的网上订货系统，企业可以自如地组织生产活动并及时进行产品配送，可以有效提高销售效率，相较于传统销售方式对销售人员的需求也会有所减少。

（2）网络促销可以降低促销费用

互联网作为第四类媒体，与传统媒体相比具有很强的交互性和多媒体特性，通过互联网可以实时传送声音、图像和文字信息，可以直接在信息的发送方和接收方之间建立起沟通交流的渠道。例如，网络广告相较于电视广告需要的费用要低很多，但是覆盖范围广、广告效果好，并且可以将广告直接转换为交易，消费者通过网络广告可以直接采取消费行为。

（三）满足消费者个性化需求

1. 数字经济时代下的市场营销是实现全程营销的理想工具

传统营销管理强调4Ps组合，也就是产品、价格、渠道和促销之间的有机组合；现代营销管理则追求4Cs，也就是顾客、成本、方便和沟通之间的有效协调。但是不论是哪种营销观念都需要建立在企业实行全程营销的前提下，也就是要求企业在产品的设计阶段开始就要充分考虑消费者的需求和意愿。然而在实际操作的过程中很难实现这项内容，因为消费者和企业之间并没有高效的沟通渠道或者沟通成本太高，消费者往往只能针对已经存在的产品提出建议，而无法了解尚在开发中并未上市的产品提建议。除此以外，很多中小企业并没有足够的资金运用在了解消费者潜在需求的方面，所以这些企业在开发和设计产品时只能凭借自身能力或参照市场领导者的策略进行。互联网就可以改变这一状况，因为企业可以通过互联网以极低的成本获取消费者提出的意见和建议，消费者可以在产品设计、生产、定价、服务等各个阶段对其提出相应的建议。互联网为企业和消费者提供了良好的沟通渠道，一方面为企业产品设计和开发提供了更多保障，另一方面提高了消费者的参与性和积极性，在这样的沟通下可以使企业生产的产品和提供的服务更好地满足消费者需求，从而提高顾客满意度。

2. 数字经济时代下的市场营销是一种以消费者为导向营销方式

数字经济时代下的市场营销区别于传统营销最主要的特点之一就是以消费者为主导。消费者在数字经济时代下的市场营销中可以获得更大的自由选择权，他们可以根据自己偏好和需求在全球范围内寻找商品，不会受到空间上的限制。通过互联网可以在企业网站或综合购物网站上获取各种商品信息，使他们可以在全球范围内选择符合预期的商品。这种个性化消费的发展促使企业不得不对传统的营销战略重新考虑，需要更加重视消费者的个性需求，将这点作为提供产品及服务的出发点。随着计算机辅助设计、人工智能、遥感和遥控技术的不断发展和进步，现代企业逐渐拥有了以较低成本进行多品种小批量生产的能力，这项能力可以为企业开展个性化营销提供帮助，但大规模开展个性化营销必须有大量的资金提供支持。还必须解决庞大的促销费用问题。而数字经济时代下的市场营销的出现为解决这个问题提出了新的解决思路和方法，企业通过互联网发布各项数字化的销售信息，这些信息可以使用很低的成本发送，并且可以按照需要随时进行修改，这样就可以为企业节省数额巨大的促销费用。同时，企业也可以根据消费者提出的反馈信息和要求通过自动服务系统提供特别服务。

3. 数字经济时代下的市场营销能满足消费者对购物方便性的需求

在当今这个时代，人们的生活节奏都很快，尤其是在一些大城市更为明显，这就导致人们外出消费的时间越来越少。在传统的购物方式中，消费者一般都要经过选择商品、确定购买商品、付款结算、包装商品、取货或送货等一系列活动。买卖过程通产都要在售货地点完成，时间由几分钟到几小时不定，此外，消费者前往售货点、在购买点逗留、从售货点返回都需要一定时间，这很大程度上延长了商品的买卖过程，这就导致消费者不得不在购买商品时在时间和精力上作出很大的付出。同时，拥堵的交通环境和日益扩大的店面更是拉长了消费者的购物时间，也更耗费精力。在现代社会，人们的生活节奏不断加快，人们的闲暇时间越来越少，所以他们希望在休息时间开展一些有益于身心的活动，希望可以尽可能地享受生活。这就导致人们越来越少的把时间和精力放在外出购物这项活动上，从而促进了网络购物的兴起。数字经济时代下的市场营销与传统营销不同，它可以更具有休闲娱乐的性质。消费者可以在网上比较各种同类产品的性价比，在此基础上作出购买决定。通过网络购物消费者不用花费时间在前往购物地点上，如果在产品的使用过程中出现问题，可以和商家取得联系，获得商家及时的技术支持和服务。

4. 数字经济时代下的市场营销能满足价格重视型消费者的需求

企业可以通过数字经济时代下的市场营销节省巨额的促销和流通费用，为产品成本和价格的降低提供了条件。同时，消费者可以在更大范围内选择合适的商品，甚至可以直接和产品的生产厂家直接订购，以此以更低的价格获得同样的商品。

（四）提高顾客满意度与忠诚度

各个领域的市场竞争都十分激烈，企业想要在竞争中占有优势地位就必须是自己的产品或服务满足消费者的要求，所以企业如何提高顾客满意度成了一个重要问题。在数字化时代，可以从以下几个方面提高顾客满意度与忠诚度：

1. 为顾客提供满意的订单执行服务

确认企业是否受到了自己的订单对客户来说是一个十分重要的问题，所以企业应该及时告知客户其订单是否以达到。在过去，客户通常会通过电话的方式联系供应商了解情况，并且可能还要经过各个部门之间的相互询问，最终才能把确认的结果告知客户。这种方式对买卖双方来说都是既费时又费钱的事。而通过互联网就可以实现客户的自行查询。如现在的快递公司，客户只需要在相关网站上输入快递单号就可以直接查询到订单的执行情况，可以明确查询到货物目前到达的位置，并且还可以看到预计的货物到达时间。这种自行查询服务功能可以有效地提高顾客满意度，同时还可以为企业节省大量的客户服务费用。

2. 提高顾客服务效率

企业可以通过互联网公布技术支持等信息，让顾客可以根据自身情况自主地寻求帮助，这样可以使企业的客户服务部门有更多的时间和精力处理那些比较复杂的问题，可以更好地处理和管理管理客户关系，并且可以有针对性的帮助客户解决问题，以此提高顾客满意度。需要注意的是，企业在公开那些长期积累的客户和产品方面信息时应该注意控制，保证只有获得授权的人才可以在系统中进行相关信息的查询，不然很可能造成客户和企业的利益受到侵犯。

3. 提供顾客满意的产品和服务

客户对产品或服务的需求是具有差异性的，为了满足不同客户的要求企业应该提供差异化服务，也就是为客户提供满足其特定需求的产品和服务。想要做到这一点首先就需要了解客户的需求，通过互联网企业就可以比较容易的了解和掌握客户的特定需求，之后将此作为依据生产产品或提供服务，这样就可以最大限度地满足顾客的需求，提高顾客对企业的忠诚度。例如，美国最大的牛仔服装生产企业 VF 公司允许消费者通过公司的网站定制符合自己需求的牛仔服，消费者在其网站上通过辅助设计软件 CAD 系统设计出符合自身期望的牛仔服式样，之后 VF 公司会按照消费者自己设计的式样生产产品，保证产品满足消费者的特定需求。

4. 为顾客提供满意的售后服务

很多客户在购买产品后会遇到一些技术方面或是使用方面的问题，尤其是一些高科技产品很容易遇到这类问题，这种情况下，售后服务就显得尤为重要。企业可以将产品的相关信息资料和技术支持资料上传至互联网，客户可以在网络平台上自行查找需要的资料，这样可以自己解决一些简单的问题，企业客户服务就只需要解决一些重要、困难的问题。例如，戴尔公司在改进其售后服务时，将公司的一些软件驱动程序和技术资料上传到公司的网站上，客户电脑如果需要升级或是出现一些简单的问题可以从网站上获取相关的售后服务，如果网络售后无法解决问题可以向客户服务部寻求帮助，这样可以有效地提高公司对客户的反应速度，同时让客户自行解决一些简单的问题可以为公司节省更多时间处理复杂、困难的问题。

二、数字经济时代下市场营销的风险与控制

（一）数字经济时代下市场营销的风险

市场营销风险是指市场主体在组织开展各种市场营销活动的过程中，由于受到各种不确定因素的影响，导致市场营销失败或者市场营销目标没有实现的可能。其中，企业内部因素、外部环境因素、政策规定等都是对市场营销活动产生影响的因素。实际上，虽然市场营销风险可能造成企业或投资者的经济损失，但是正确地看待和处理风险也可以使其成为企业发展的机遇。因此，参与市场营销活动的投资者、企业以及竞争者作为市场营销风险的主体，在组织开展参与市场营销活动时，需对可能诱发市场营销风险的各种不确定性因素进行预测评估，并通过采用性质有效的方法制订风险预防与控制措施（方案），用以降低市场影响风险的影响性，或实现风险的规避与转换利用，从而达到企业预期营销目标，提升企业竞争优势，获取最大经济效益。

1. 数字经济时代下市场营销的风险类型

数字经济时代下的市场营销风险主要包括以下几种类型：

（1）信用风险

信用风险主要包括来自买方的信用风险和来自卖方的信用风险。来自买方的信用风险是指网络交易中的买方可能会采用一些恶意手段可能对卖方利益造成损害的风险。例如，个人消费者在网络交易中使用信用卡进行恶意透支，或使用伪造的信用卡骗取卖方的货物；集团购买者拖延支付货款，风险需要由卖方承担。来自卖方的信用风险是指因为卖方

的恶性行为导致买方需要承担的风险。如买方付款后，卖方不能按质、按量、按时将货物送至约定处，或者不能完全履行与集团购买者签订的合同，造成买方的购物风险。

（2）信息风险

近年来，我国网络基础设施的建设获得了很大进步，但是数字经济时代下的市场营销的发展速度极快，这就导致网络基础设施建设并没有完全适应数字经济时代下的市场营销的发展需要。数字经济时代下的市场营销对安全防范具有很高的要求，但是有很多借由数字经济时代下的市场营销开展的违法犯罪行为频频发生，如假冒流行在线服务站点登录页面盗取密码、个人信息、计算机数据等。这类问题都是技术层面的安全问题，这些问题会直接对数字经济时代下的市场营销的顺利开展造成严重影响。目前我国网民规模庞大，网络利用率极高，但是网络的发展速度太快以至于网络基础设施建设仍然无法完全满足网络发展的需要，而在数字经济时代下的市场营销范围内这也就造成了信息风险。从技术层面来看，网络交易的信息风险主要有以下三项内容：

第一，篡改数据。不法分子没有经过经授权便进入网络交易系统，使用非法手段删除、修改交易系统中的重要信息，以此破坏数据的完整性，这样会直接对他人的经济利益造成损害，也可能对对方的正确决策造成不良干扰。

第二，冒名偷窃。一些不法分子会采用源 IP 地址欺骗攻击，通过这种方窃取被害者计算机中的各项信息，如个人信息、银行密码、商业机密等。

第三，信息丢失。网络交易中出现交易信息丢失主要有三种情况，即线路问题造成信息丢失、没有采取合适的安全措施导致信息丢失、在不同平台上进行操作导致信息丢失。

此外，信息通过网络进行传递时，会经过很多环节和渠道。随着计算机技术和网络技术的迅速发展，现有的病毒防范技术、加密技术、防火墙技术等安全方法措施始终存在着被新技术攻击的可能性。如计算机病毒、"黑客"非法侵入、线路窃听等都是网络交易安全的隐患，会对网络交易的安全造成威胁。外界的各种物理性干扰也可能对数据传送的真实性和完整性造成一定影响。

（3）市场风险

因为网络市场十分复杂，导致市场风险的产生。网络市场相较于传统市场要有更为广阔的空间，一方面企业对网络消费者需求特征难以把握，另一方面网络市场的竞争十分激烈。此外，在网络环境下，产品的生命周期明显缩短，这就要求企业要不断地开发和创新，这就加大了企业在网络市场中的盈利难度，面对这样的市场状况企业面临更大的市场风险。

（4）法律风险

电子商务的技术设计是先进的、超前的、具有强大的生命力。但是现行法律中对网络交易的交易方式的规定很少，并不能完全对其在法律上进行保护，而这种法律滞后就可能引起法律风险。

（5）制度风险

宏观经济管理制度是和数字经济时代下的市场营销风险有关的制度，其中最主要的是系统的法律制度和市场监管制度。建立并切实落实制度可以保证市场秩序维持在一个稳定的状态。企业是市场活动的主体，只有保证有健全的制度作为基础才能安全的开展营销活动，否则就会面临市场混乱引起的制度风险，还可能引起信用风险、资金风险等一系列相关潜在风险。但是通过宏观管理制度对网络市场的管理并不全面，还需要进一步加强和完善。

（6）管理风险

管理风险一直存在于网络交易过程中，进行严格管理可以有效降低网络交易风险。网络交易中心需要监督买方按时付款，同时要监督卖方按约定向买方提供相应的货物。这交易的各个环节中都存在着大量的管理问题。想要科学有效地防止这类风险，就需要建立和完善管理制度，应该建立起相互关联、相互制约的管理制度体系。

人员管理往往是网上商店安全管理中相对薄弱的一个环节。近年来，我国计算机犯罪呈现出内部犯罪的发展趋势，也就是导致安全问题的原因来自企业内部的员工管理，一些企业的员工职业修养不高、缺乏安全意识，并且企业对员工的管理也较为松懈。甚至一些对手企业会利用不正当的方式收买企业网络交易管理人员，以此获取企业用户的个人资料、密码以及各种相关的机密文件资料。

很多信息系统没有安排安全管理员，所以并没有专业人员对信息系统进行科学的安全管理，也没有制定标准的技术规范，缺乏定期的安全测试与检查，也没有实时的安全监控。但随着近年来的发展，我国很多大型企业在信息系统安全管理方面已经有了很大进步，但是仍然会存在一些不足需要持续改进。

除了以上这些风险，数字经济时代下的市场营销还会涉及其他方面的不可预测的风险。在对各项风险进行分析时，应该将所有可能导致风险发生的因素纳入考虑范围，不论是直接因素还是间接因素、内部因素的还是外部因素、总体因素还是个体因素等，并且应该从各个角度对其进行研究分析，尽可能地全面分析各种风险因素，这样可以帮助企业采取更具针对性的防范措施。

2. 数字经济时代下市场营销风险的成因

数字经济时代下市场营销风险的成因主要包括以下几方面的内容：

（1）市场供求关系变化因素

纵观市场经济的发展历程可以看出，市场供求关系一直处于动态变化之中。市场供求关系的变化在一定程度上影响着企业市场营销活动的顺利开展，可以说这种关系变化是造成市场营销风险发生的重要因素之一。就作为消费者需求集合的市场需求量而言，在一定特殊时期，会因为某种关系或多种关系对其造成的影响，而出现该时期某件产品的需求量不断上升的情况，但是在市场规模不断扩大、消费者需求不断被满足的过程中，市场需求量也在发生变化，而这种变化就可能形成市场营销风险。例如，40年前人民群众追求的是基本生活保障得到满足，对产品的要求重量轻质，但是对着社会经济发展，人们的收入水平不断提高，人们对市场上产品的要求发生了变化，量不再是人们消费的主要目的，而是更侧重产品的质量以及个性化服务。在此过程中，市场供求关系实现了由低层次向高层次的转变，并对市场营销带来了挑战与机遇。

（2）科学技术变化因素

随着社会进步，科学技术不断发展，目前创新已经成为各行各业的根本发展动力，这也导致企业的生产管理和运作经营方式发生了巨大变化。在信息技术、互联网技术、电子通信技术等现代化技术得到普及应用后，我国大部分企业已经基本上实现了现代化建设与发展，尤其是在我国大力推行"互联网+"战略的背景下，企业对技术的应用得到了政府支持。在这样的发展背景下，科学技术在为企业带来新的发展机遇的同时，也为企业带来了新的挑战与问题，科学技术已经成为企业市场营销风险形成的重要因素。例如，基于科学技术变化下的数字经济时代下的市场营销，对企业传统营销模式带来了巨大的冲击，基于数字经济时代下的市场营销下的互联企业成为传统企业强有力的竞争对手，企业创新与改革成为企业发展的必然趋势。而企业在改革过程中，其企业营销组织结构、企业营销策略、企业人力资源管理、企业融资渠道势必将发生改变，在此过程中，将不可避免地产生不确定性营销风险。另外，在当今信息时代背景下，开放性的网络环境，存在信息不对称问题，也将为企业市场营销带来风险。

（3）市场经济形式因素

观察市场经济发展情况可以看出，随着市场经济形式的不断变化，市场营销风险也不断增加，而这种变化在很大程度上对企业开展市场营销方向和力度造成了影响。例如，随着市场经济不断发展，科学技术的产生和发展促成了知识型市场经济形式，这种形式相较于生产型市场经济发展有很大不同，在知识型市场经济形式下，高科技产品营销可以获得更好的环境、更大的空间，企业现代化建设与转型发展成为必然趋势。随着经济全球化进程的不断推进，在国际环境的影响下，我国市场经济发展趋势、市场需求量以及经济政策呈现不断变化的发展态势。如何把握市场经济形式变化规律，依据市场经济变化需求进行科学调整，也成为降低市场营销风险的关键内容，也是企业可持续发展的关键举措。

（4）其他因素变化的影响

市场营销受到诸多因素的影响，除了以上提到的科学技术变化、市场供求关系变化、市场经济形式变化几个影响因素外，还会在一定程度上也受其他因素变化的影响。例如，一系列企业外部因素也会对市场营销产生影响，国家政策变化、相关法律法规变化、国际经济形势变化以及军事、国际关系等都可能导致市场营销风险的发生；一系列的企业自身内部因素同样会对企业市场营销产生影响，企业管理机制、企业管理层的营销决策、市场营销工作人员自身素质与能力等也是造成市场营销风险发生的重要因素。

（二）数字经济时代下市场营销中的安全控制

1. 建立健全信用评估体系

诚信一直是传统企业的一项战略原则，在数字经济时代下的市场营销领域诚信同样具有十分重要的作用，甚至比传统市场中的诚信更为重要，因此，建立健全我国的信用评估体系是促进数字经济时代下的市场营销发展的一个重要组成部分。需要从几个方面着手建立完善我国的信用评估体系。

第一，建立独立、公正的评级机构。信用评级机构应该独立于政府、企事业单位，应该独立对评级对象进行判断，不应该受到其他组织或个人干扰，要做到公正评价。

第二，建立健全科学的信用评级体系。这需要有机结合国际惯例与中国国情，同时需要将传统研究方法与现代先进评级技术和互联网技术进行有机相结合。

第三，政府应该积极配合信用评级机构的工作，必要时为其工作顺利开展提供一些帮助。

2. 加强信息安全技术研究

开展数字经济时代下的市场营销活动应该适应市场全球化的趋势，应该将信息安全放在重要位置。对我国的数字经济时代下的市场营销来说，加强信息安全研究是一个急需解决的重要问题。必须保证先进的技术系统作为基础，才可能搭建信息安全体系。在安全技术方面，涉及技术标准、关键技术、关键设备和安全技术管理等环节，其中有两个最核心的问题。

第一，与安全相关的技术和产品必须是由我国自主研发并生产的。

第二，关于信息安全技术的开发与采用以及国产信息安全产品的采购与装备，都应该纳入法制范围。

通过用户身份识别可以保证通信双方不能不承认交流内容，同时可以保证信息的完整性。针对"黑客"的技术防范措施有很多种，根据不同产品可以选择相应的措施，包括防火墙、网络安全检测设备、访问设备、证书、浏览器/服务器软件、商业软件和安全工具包软件。

3. 完善国家宏观管理体制

政府有责任保证市场秩序、维护经济运行。在开发网络市场的过程中，政府应该充分发挥自身的作用。

第一，政府应该将防范制度风险作为基础，应该针对各种不同数字经济时代下的市场营销风险制定相应的应对政策，或者进行积极的引导，使企业可以正确的认识风险防范和控制，对风险发生做好充分的准备。

第二，应致力于制度建设和法制建设，这样才能保证企业在一个稳定有序的环境中开展经营活动，才能保证社会信用体系的建立健全。

第三，政府应该进一步加强对风险防范的监督和协调，为企业提供各个方面的帮助，如市场信息、产业动态等，最大程度降低企业面临数字经济时代下的市场营销风险的可能性。

4. 强化企业制度建设

建立科学合理的企业制度，可以有效防范各类风险、减少风险损失。为了对数字经济时代下的市场营销风险进行科学有效的效防范和控制，企业应该对以下几项制度进行重点建设。

第一，加强人员管理制度的建设，明确各岗位员工的权责范围，规范员工行为，通过教育培训等方式有效提高企业员工的风险防范意识及能力。

第二，加强风险控制制度的建设，使企业在面临风险决策、交易管理、危机应急等情形时有规范的处理方法和操作机制为其提供参考。

第三，加强监督制度的建设，制定并实行严格的监督监管，可以保证企业的各项制度措施可以顺利实施并充分发挥效用。

5. 加强数字经济时代下的市场营销法制建设

政府有义务维护市场秩序、维护经济运行。在网络市场中，政府仍然需要履行其义务，首先应该致力于网络市场的法制建设，使企业可以在网络市场中有序地开展各项经营活动。就我国的实际情况来说，应该从以下几个方面加强数字经济时代下的市场营销法制建设。

第一，加速建立电子签名等方面的法律法规，应该解决数字经济时代下的市场营销中涉及的电子签名、电子合同、电子交易等方面的有效性与合法性的问题。

第二，加强对电子商务领域适用的行政许可模式的研究，应该制定符合电子商务的发展特点和规律、有操作性、宽严适中的管理模式。

第三，应该大力推进网上法庭、网上仲裁、网上律师等司法辅助机制的建立和发展，应对互联网建立灵活有效的法制环境。第四，协调管理、技术、法律、标准和商业惯例之间的关系，使它们可以成为相互协调成为一个有机的整体，相互补充、相互促进、共同发展，可以为电子商务的运行和发展提供全面有效的保障。

网上交易安全的法律保护问题主要涉及以下两个基本方面：一是网上交易也是一种商品交易，所以涉及网上交易的安全问题也应该获得民商法的保护；二是网上交易需要通过网络和计算机完成，所以网络和计算机本身的安全情况直接影响网上交易的安全情况。我国关于网络的法律法规主要是围绕网络信息传播、网络安全等方面制定的，缺乏针对网络交易的专门法律，这正是因为以上两个方面的法律制度还不完善，因此，针对网络交易还很难出台较为完善的安全保障法规。所以在处理网络交易相关问题时，应该充分利用各有关交易安全和计算机安全的法律法规。目前我国制定了《网络交易管理办法》，是专门针对网络交易制定的管理办法，为了保证我国网络交易的正常进行，应该严格遵守该办法的规定，并在此基础上不断探索，逐步建立符合发展需求的电子商务法律制度。

第六章　数字经济时代的产业发展探究

第一节　数字经济时代的数字服务业发展

在世界经济充满各种不确定因素的影响下，我国经济也承受着一定程度的下行压力，部分服务业所受影响也较大。但是，在信息技术迅猛发展的势头当中，数字经济成为支撑经济稳定的重要力量，尤其是在远程会议、在线教育、在线医疗、线上办公、线上娱乐、电子商务、电子政务等领域，其发挥的作用更是明显。因此，研究数字经济对服务业的影响，具有较大意义。

一、数字经济与服务业的现状分析

（一）我国服务业发展现状

一国经济的发达程度，与该国服务业的发达程度息息相关，一般来说，发达国家的服务业占 GDP 的比重都相对较高，通常能达到 70% 以上。我国服务业相对发达国家来说，发展相对较晚，发展水平也相对较低，但经过多年的发展，服务业逐渐发挥着举足轻重的作用。

从图 6-1 可以看出，自 2012 年起，我国第三产业增加值就开始超过第二产业增加值，并在之后一直保持相对较高的增长速度。同时，第三产业占 GDP 比重于 2015 年超过 50%，逐渐成为占据我国主导地位的产业。此外，近十年来，我国服务业增加值对 GDP 增长的贡献率基本都在 45% 以上，最高达到 63.5%；第三产业就业人数在其他产业及总就业人数下降的情况下，一直保持正增长，人数占比稳中有升。至 2020 年，第三产业就业人数占总就业人数的比重接近 50%。

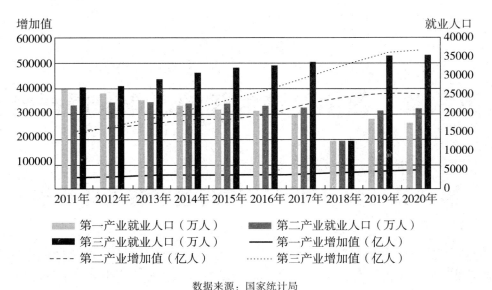

数据来源：国家统计局

图 6-1　我国三大产业增加值及就业人数情况

（二）从战略规划层面提出服务业数字化

数字经济是未来社会的发展方向，各个国家也都相继推进数字经济建设和发展。我国也从战略层面提出了相关的战略规划。国家"十四五"规划提出了"深入推进服务业数字化转型"，以形成新的经济增长点；《"十四五"服务贸易发展规划》提出了要促进服务贸易与数字技术更深一步融合的思想理念，通过降低成本、服务创新、效率提升等方式促进服务业的发展。

除此之外，在各省市的规划中也有提出相关的内容。从数字经济大省的"十四五"规划来看，广东省提出利用数字技术赋能服务业，加强数字应用场景建设，发展新业态新模式；江苏省则提出推动服务业数字化转型和创新发展，以助力数字江苏建设。可以预想，未来服务业的数字化程度将不断提升，形成推动社会经济发展的新增长极。

（三）服务业与数字经济的融合情况

对制造业来说，由于各个企业之间存在技术保护与壁垒，要实现与数字经济的融合，难度相对较大。而大多数服务业是直接面对消费者的，因此在数据量及其易得性等方面更具有优势。

在三大产业中，服务业的数字经济渗透率远高于农业和工业，并且呈现出更显著的上升趋势。因此，相对其他产业而言，数字经济与服务业的融合度更高，具有更密切的联系，而且这种融合的速度也更快，融合效果更显著。

二、数字经济影响服务业的作用机制

(一) 数据成为现代社会中重要的生产要素

在经济学中，传统的生产要素主要有土地、劳动、资本等，它们被投入到生产过程中，生产出各式各样的产品。但随着社会的不断发展进步，新要素不断出现，并重构现代社会的生产要素体系。数据已经逐渐成为社会生产当中重要的生产要素之一。过去，谁占有了土地、劳动及资本资源，谁就能实现社会化大生产，获得财富。而现在，得数据者得天下，拥有大数据者，犹如获得了重要的"情报"，便能通过数据得知社会状况、商业规律、消费心理等，并形成更精准的战略决策，采取更优的经营策略，从而获得更大的利润。

(二) 减少距离因素的影响，扩大服务半径

过去，许多类型的服务业都因为存在地理距离的阻碍，而无法跨国跨区域进行交易，因此具有一定的地域局限性。正因如此，也导致了不同地区之间，即使是同样的服务，其价格也会出现差异。这是因为这些服务产品的生产与消费具有同时性，因此也难以在不同地区间自由流动，否则总会有人基于套利的动机进行跨地域交易，那么各地域的服务产品的价格最终也将趋于一致。

但是数字技术打破了这一阻碍，快捷高效的网络将地球的一端与另一端联系起来，通过线上的方式便能使服务产品在供需双方间交易。可以看到，从最开始的商贸线上销售，到后来逐步发展起来的线上教育、远程医疗、远程办公、网上银行等，都实现了跨地域的经营，逐步摆脱距离因素的影响，扩大了服务范围。

(三) 使服务产品生产与消费过程可分离，具有可储存性

传统的服务业，大多都是即时生产即时消费的，如理发、家政服务等，难以将生产和消费的过程分离，放在不同的时间里进行，也难以将服务产品储存下来。因此服务产品的生产和消费大多具有同时性。但得益于数字经济的发展，使得过去不具有可储存性的部分服务产品，可以通过数字化的形式存储下来，打破了生产与消费必须同时的桎梏，实现了跨时空的线上交易。例如，教育方面的网课培训、政府服务方面的电子政务、商务交易中的智能客服等，都不需要服务提供方和服务需求方同时在线，就可以实现服务的完成，极大地提高了经济效率。

（四）提高服务业劳动生产率

一直以来，都存在着"制造业劳动生产率高于服务业劳动生产率"的说法，美国的经济学家鲍莫尔曾于 1967 年对这种现象进行了解释，他根据劳动生产率的高低，将服务业视为"滞后部门"，制造业是"先进部门"。他认为，正是由于在这两个部门之间存在劳动生产率的差异，因此随着服务业在经济中所占比重逐步提高，经济的增长率反而下降。

造成制造业与服务业间生产效率差异的原因是，制造业由于可以通过设备投入进行规模化、标准化地生产，进而提高生产效率。而服务业具有与制造业不同的特性，服务业的产品不可储存、生产与消费具有同时性，因此需要大量的劳动力投入；服务业是劳动密集型的产业，而且服务业往往难以标准化、流程化，因此也很难通过大量的设备投入，实现规模化、效益化、大批量的生产。

而现在数字经济的发展能改变这一现状。数字技术使得服务业可以消除时空的影响，改变原来传统服务业的业态，使其逐步走向标准化、规模化、智能化，提升行业整体生产效率，促进服务业更高质量地发展。

（五）降低成本

正是由于数字技术的发展，使服务业能够打破时间和空间的阻碍，实现跨地域、非同步的服务交易，因而也能大大地降低服务生产方或消费方的交易成本，如节约路上的交通费用、需同步面对消费者的人力成本、店铺或办公楼租赁费用等。通过压缩这部分的成本，激励供给方将资金进一步投入到数字化提升中，能更好地促进数字经济与服务业的深度融合。

（六）激发新的有效需求

通过大数据挖掘新的消费需求，可以由供给端刺激和推动需求的增长，同时由于数字技术的不断更新换代，也会使得服务业不断地革故鼎新。并且目前各种经济不确定因素也将倒逼服务业产生新业态，进而推动服务业的创新发展。

三、数字经济时代发展服务业的建议与措施

（一）加大数字基建投入，促进区域协调发展

进一步加大数字基础设施建设，促进数字经济与服务业的深度融合，为服务业数字化提供硬件基础和强有力的支撑。同时，应更注重东西部区域协调发展，将东部的资本、技

术实力与西部劳动资源相结合，优势互补，促进社会公平，共享科技进步成果。

（二）加强监管，完善相关法律规章制度

针对行业乱象、不正当竞争、行业垄断、信息泄露等现象，可成立专门的监督委员会进行行业监管，完善相关法律规章制度，规范行业秩序，维护社会公平。同时，企业也应尊重消费者及客户的权益，加强内部管理，规范人员培训，加强安全管理及风险意识，完善内外部风控体系，通过政企及社会各界携手共建安全有序的环境。

（三）培育更多数字化高质量人才

人才是国之根本，是引领产业发展的重要动力。相比于硬件设施，我们更缺乏高端数字化人才，更需要从人才方面入手，从整体上提升我国数字化软实力。在高校中，可扩大数字信息相关专业人才培养，择优选能，提量提质，将这一专业领域做精做强，为服务业数字化提供源源不断的高质量人才；对社会人士，应与时俱进，加强数字化职业培训，不断提升自身价值；从企业的角度，应注重数字化人才的引进和内部培养，提升企业数字化管理意识。

（四）深化服务业数字化水平，激励创新

从政府角度，可以营造出有利于服务业创新的政务环境，从治理理念更新、政策制定、补贴激励等方面形成数字化创新的社会氛围，深化服务业与数字经济融合；从企业的角度，应提升数字化意识，可以通过内部培训、激励机制、管理体系提升等方式，不断尝试新的数字化融合方式，加快数字技术突破，加深数字化程度，促进企业数字化转型，进而也促使服务业从劳动密集型产业向资本、技术密集型产业转型。

四、数字经济时代服务业相关领域发展

（一）数字金融

1. 数字经济改变金融业

新金融出现的背后是两方面原因：一是数字经济时代下数字技术大发展为新金融提供驱动力；二是新经济需要以普惠为核心的新金融有力支撑。

（1）数字经济时代下数字技术大发展为新金融提供驱动力

技术驱动是新金融发展的驱动力，也是新金融最鲜明的特色，通过数字技术发展，有

效解决金融服务的触达、认证、风控、运营、审计等环节的难题。数字技术的核心作用在于降低成本和提高效率两点，最终目的在于：一是拓展金融服务边界，让金融能服务更多人、更多商业场景；二是提升金融服务体验，让所有人能平等地享受便捷、安全、可信的金融服务。

具体来说，移动互联技术能有效缓解过去金融获客成本高、用户体验不便的问题，让金融以低成本的方式便捷、有效地触达社会各个群体。大数据极大地消弭了金融服务最核心问题——信息不对称性，有效甄别风险，保障消费者权益不受侵害，同时让金融风险损失可控、可持续发展。生物识别通过交叉使用人脸、眼纹、虹膜、指纹、掌纹等多个生物特征，已可实现比人眼更精准的远程识别，解决"如何证明你是你"的难题，尤其是为边远地区传统金融服务难以触达的地方提供便捷的金融服务。人工智能技术提升大数据处理效率，并能够通过深度学习的方式不断迭代升级，模拟人类思考方式，用技术拓展金融服务的边界。云计算通过低成本、高扩展性的运算集群极大地降低金融服务运营和创新成本，并提升其服务效能。区块链技术让资金和信息流动可审计可追溯，保障金融服务透明可信。相信未来还有更多的数字技术被用于新金融服务，为其发展拓展更多想象空间。

（2）新经济需要以普惠为核心的新金融有力支撑，匹配供需两侧优化

过去五年，中国人口红利所带来的传统动能正在逐步减弱，取而代之的是不断发展以创新驱动的新动能，生产要素通过供给侧改革正在逐步实现结构性优化，生产小型化、智能化、专业化将成为产业组织新特征，这其中，生产更灵活、更富有创新活力的小微企业作用日渐凸显。另外，从需求侧角度来看，传统主要由投资和出口拉动的"三驾马车"正转变为消费驱动。一方面消费需求规模正在快速增长，另一方面消费方式也正在升级，模仿型、排浪式消费阶段基本结束，个性化、多样化消费渐成主流。

英国经济学家、诺贝尔奖获得者约翰·希克斯曾以"工业革命不得不等待金融革命"指出经济与金融相伴而生的发展关系。如何匹配供给侧改革，为小型化、智能化、专业化的生产提供金融动力？如何促进需求侧优化，为不断增长的个性化、多样化、便捷化的消费提供金融支持？其核心问题在于有效解决"普惠"难题，即改变过去金融服务围绕大企业和高净值客户的"二八"金融定律，而为千万家小微企业和十多亿普通消费者提供平等的金融服务。

从供给侧角度看，小微企业无法获得服务的主要原因在于单体服务成本高、风险甄别难度高这两方面，而这正是新金融的优势所在。一方面，通过移动互联、大数据、云计算、人工智能等技术不断降低获客和运营所带来的可变成本，单个小微企业的服务边际成本已趋于极低，为包括小微企业在内的所有企业提供平等的金融服务已成为可能；另一方面，技术和数据驱动的不断完善的社会信用体系已成为新金融的基石，企业信用数据覆盖

面的提升也降低了甄别风险的难度，让更多的小微企业可被纳入金融服务范畴。

2. 金融业新形态

（1）服务实体经济

新金融的价值意义在于它能促进社会向更好的方向发展，包括一个更公平的社会、一个更高效的社会、一个更诚信的社会、一个可持续发展的社会，同时，新金融及其价值在全球都可复制。

第一，更公平的社会——普惠金融体系促进包容性经济增长，金融民主化为所有个体提供未来发展机会上的公平性（普惠）。

借助数据和技术，新金融致力于消除由于金融服务成本、风险和效率问题带来的不平等，让每个用户都享有平等的权利自由获取所需要的金融服务，进而促进整个社会在获取生活改善与未来发展机会上的公平性。

数字普惠金融作为可持续与包容性增长的有效实践，其作用在 G20 杭州峰会期间被世界各国所认可，并通过《数字普惠金融高级原则》向全球推广，大力推动了整个金融体制改革。

第二，更高效的社会——重构资源组织、供需匹配，以便捷高效的金融服务满足经济发展需求（新供需关系）。提高资源配置效率、优化供给和需求两侧匹配关系是经济学的核心问题，新金融依托技术和数据，在服务上不断创新，既满足小型化、智能化、专业化的生产供给，也满足个性化、多样化、便捷化的日常消费。

新金融对消费型经济的促进作用已初露端倪。以网络支付为例，作为电子商务发展的底盘，激发消费潜力，在世界范围内弯道超车，取得领先地位。其他包括消费金融、大数据征信、互联网保险等金融服务也成为结合生活场景提升消费便利性和安全性，进一步刺激消费的有益创新。

第三，更诚信的社会——完善商业文明的信用基础设施，推动诚信社会的建设（信用社会）。

信用体系不只是金融服务的基础设施，也是整个社会经济发展的基础设施。"车无辕而不行，人无信而不立。"信用本质是甄别风险，解决各个场景中的信息不对称问题，在不同场景下具有灵活多变的特性，如在金融领域，可成为风控手段，应用于反欺诈和信用卡、信贷审核等，提高准确率和覆盖率；而在生活领域，则可解决商户与人、人与人之间的信任问题，在出行、住宿、签证、招聘等一系列生活场景中提高便捷性和可靠性。

但是传统征信体系并不能覆盖全社会企业和个人。根据 BCG 报告，美国个人征信覆盖率为 92%，中国这一数字仅为 35%。央行主导的中心化征信体系负担过重，需要更多市场化的力量加入，共同促进个人征信产业的发展。

在用户授权前提下,大数据征信依据用户各维度数据,运用云计算及机器学习等技术,为个人或企业提供信用肖像的刻画,成为传统征信体系的有机补充。与传统征信体系相比,具有数据源广谱多维和实时鲜活的特点。

同时,个人良好信用积累所带来的更便捷的生活方式,将对消费者和企业有良好的示范作用,助力推动诚信社会的建设。

第四,可持续发展的社会——推动绿色金融发展,以可持续发展的方式建设节能低碳社会(绿色金融)。

中国人民银行在金融改革与发展"十三五"规划中强调绿色金融体系的建设,通过金融服务促进社会经济可持续发展。新金融通过数字技术触达用户,天然具有低碳环保的基因。蚂蚁金服所有金融服务都在线上完成,没有线下网点,包括水、电和煤气等便民缴费让广大百姓减少了许多奔波,初步测算一年至少减少80000吨碳排放。取代纸质票据的电子票据,经测算一年可至少减少720000棵树的砍伐量。

另外,新金融基于生活场景,调动普通民众参与低碳消费生活的积极性,推动绿色消费意识的普及。蚂蚁金服计划为每个用户建立一个碳账户,用于度量其消费、出行、生活等领域的碳减排。鼓励用户步行、自行车出行、乘坐公共交通工具等低碳生活方式,同时希望一些公共交通、环保交通企业能加入自愿碳减排交易(Voluntary Emission Reduction,VER)或者中国核证减排量(Chinese Certified Emission Reduction,CCER)减排机制中,将碳资产在减排企业与使用用户之间进行合理比例分配,鼓励全民主动选择低碳生活方式。同时,支付宝还可以通过秀碳积分、点赞、贴低碳标签等方式,推动低碳、绿色兴趣社交和社群建立,促进各种新生活网络社区形成,积极推广普及低碳意识和绿色生活方式。

第五,可复制——新金融的发展模式及社会价值可推广至全球,为世界所共享(全球化)。

新金融实践不仅在中国获得成功,在世界范围内,尤其是发展中国家,也被证实是可行可复制的。

(2)数字普惠金融

根据国务院2016年印发的《推进普惠金融发展规划(2016—2020年)》,普惠金融指立足机会平等要求和商业可持续性原则,以可负担的成本为有金融服务需求的社会各阶层和群体提供适当、有效的金融服务。近年来,尽管普惠金融发展迅速,但仍然面临着成本高、效率低、"最后一公里"难以打通、商业可持续性不强等一系列全球性难题。随着数字化时代的到来,普惠金融与数字技术加速融合创新,为解决上述难题提供了一条可行的路径。

根据 2016 年杭州二十国集团峰会提出的《二十国集团数字普惠金融高级原则》（以下简称《高级原则》），数字普惠金融泛指运用数字技术来促进金融普惠。它具体包括：运用数字技术为原先无法获得或者缺乏金融服务的人群提供一系列正规金融服务，所提供金融服务对于被服务对象而言必须是适当的、负责任的、成本可负担的，同时对于金融服务者而言是可持续的。

《高级原则》同时指出，数字普惠金融服务涵盖金融产品和服务，具体包括：支付、转账、储蓄、信贷、保险、证券、理财、对账等。这些产品和服务通过电子货币、支付卡或绑定传统银行账户等数字技术得以实现。

数字普惠金融在概念上可以看作是数字金融与普惠金融的交集，其中也包含部分互联网金融业务，如网络借贷、互联网支付、网络众筹等。

（二）数字医疗

如果说，离数字经济越远的产业有着越大的势能，那么，医疗行业正是这一有着巨大势能的行业。数字经济的发展给医疗与健康行业带来的影响，在短期，是将医疗资源的需求和供给更好地进行匹配，而在长期，则是动员更多的资源进入医疗和健康行业。

1. 数字医疗的内涵

医疗卫生是一个很大的行业，而且是一项精巧的人类活动。它需要现代化生产的高效和规范化，也需要像神父一样的温柔及以人为本。它是一门科学，也是一门艺术。而科技将改变这一行业，改变医生的工作形式，也将改变医生之间以及医生和患者之间的关系。

医疗水平直接关系到广大人民群众的健康安危，作为最基本的民生需求，医疗在民生领域占据非常重要的位置。人工智能、大数据等数字技术不断向传统医疗行业渗透、融合，必将促进医疗行业的巨大变革。智慧医疗是指物联网、大数据、人工智能等数字技术与现代医学的充分结合，促进全国甚至全球医疗资源的优化配置，从而提高医疗效率，降低患者就医成本，改变患者就医方式。当前，患者通过在线医疗数字平台，采用文字、语音、图片甚至视频等多种方式向医生描述具体病患症状，就可让医生充分了解患者患病基本情况及病情变化趋势，从而有效制定并提出合理的诊断意见和诊治建议。根据马化腾等著《数字经济：中国创新增长新动能》一书及其他有关的公开资料，"春雨医生""丁香医生""温暖医生"以及其他一系列医疗 APP 等在线问诊企业，其服务内容包含病情在线咨询、患者电子健康档案管理、患者相关医疗数据储存、远程视频诊断、药品等医疗物资电商服务等内容，借助这些医疗数字平台，患者足不出户就可以方便地享受远程在线问诊、咨询及医药用品购买一体化服务，不但为患者获得质量更高的医疗服务提供更大便利，也大幅度降低了其就医成本，提高了就医效率，关键借助数字平台患者和医生之间可以建立长久联系，缓解医患矛盾，患者和医务人员之间的信任度也逐渐提升。

2. 医疗行业变革

（1）数字病人

所谓"数字病人"（iPatient），是"一种新型的以二进制为单位"的病人，"这种病人在进入急诊室的时候，已经被注册，做了相关的检查，并已经有了大概的诊断"。在看到真实的病人前，医生已经通过电脑了解到病人的情况。真正的病人在这样的制度里只起到保持床位温暖的作用，并确保含有他健康信息的文件夹在计算机上一直处于激活状态。数字病人的血液检查结果和放射检查报告会被持续跟踪并形成道琼斯指数一样的趋势图，随着指标的增高或降低随时弹出窗口提醒医生和护士及时调节治疗方案，并做有关检查。

近年来，临床诊治的过程已被彻底改变，从传统的医生和病人之间的直接交流，以及医生和医生之间的相互讨论，转换成了信息技术主导一切。

（2）病例记录

为了提升专业技能，全体从业人员相互之间应该保持一种友好且无保留的学术交往关系，自由交流各自在医院实践中所遇到的奇趣事件。所有病例或手术，只要是罕见的、令人好奇的，或者是有教育意义的，医生们都应该记录下来。

医患关系受到各种因素袭扰已久，譬如人们对专家的敬重已不复从前，另外，第三方支付平台的影响、医疗事故诉讼频发也是袭扰因素。

随着诊断工具以及病人相关重要信息量的迅速增加，医生们进入了这样的一个世界：做出一个诊断或选择某种疗法的依据是科学，而非直觉、猜测或是惯例。举个例子，放血疗法在数百年间都被认为是有效的，直到 1835 年，法国医生皮埃尔·路易斯（Pierre Louis）对这种疗法的有效性进行了分析。他采用一种"数字方法"的手段，得到了颠覆当时医学界的发现：放血疗法绝对是毫无作用的。这种"数字方法"就是今天我们所谓的临床试验，而对其结果的使用，即为循证医学。路易斯不仅认识到了这一发现的重要性，也认识到了所用分析法的重要性。有感于医学研究进展如此缓慢，因而他敦促医生同行们要观察各种实情，然后认真分析："如果不对这些实情进行分类和统计，是不可能取得医学进步的。那么治疗学也就无法与其他科学分支一样稳步前进了。"

尽管医生们在越来越多的数据压力之下已经不堪重负，但他们书写医疗记录时有了一项新的使命：为临床研究提供原材料。由于临床研究开始为某些病因明确的疾病寻找有效的治疗方法，医疗记录也需要记载医生对病人的评估信息。在病情评估中，医生将病人的各种情况串在一起，形成一系列假设，并制订治疗方案。

尽管病历正像填鸭一样被钢笔或键盘强行喂食，但其实是别的东西把它变成了一头不可驯服的野兽：医疗界外部人士出于各种目的浏览、阅读和分析这些记录而造成的压力。

这就是压垮医生的根本原因，也是目前电子健康档案发展之不易的环境因素。

病历乍看起来似乎仅是时间上的重现：记录着以往的检验数据，外加一页又一页的查房和检查记录等。可是，如果把这份记录仅看成病人医疗过程的合格说明，那就错了。记录病历其实应该是把病人的问题转化成可处理问题的一种行为，同时又起着结构性分配和工作活动整理的作用。这样，病历才能积极地使我们所要"表达的"医疗过程得以成文。

（3）医疗大数据

大数据不是有害物。虽然很多人十分看好它，但至少在医疗卫生领域它还处于婴儿期。毫无疑问，我们很快都会被数据的洪流淹没，我们处理数据的能力也会不断提高。

电子健康档案未来将含有超巨量的信息，但充斥着大量复制、粘贴的病历数据，即使有了大数据技术的支持，依旧不会改变医生忙乱操作的现状。电子健康档案要求医生持续收集数据的目的很多时候是为了一张漂亮的、可报销的医保账单，所以当这种以营利为目的的垃圾产品应用于临床决策系统时，必然会产生无用输入和无用输出的大数据问题，此时，即使做了大量的数据分析工作，由于源头输入的是垃圾数据，因此输出的结果依旧会不理想。

尽管基因数据可能对预后和治疗决策有帮助，但时至今日，只有少数肿瘤方面的一些基因变异被证实在真实生活实践中有确切无疑的价值。

（4）共享病例

在过去，医生一直是手写病历，并被告知过多与患者或家属分享信息是错误的，例如，诊断为结核病、病人所患癌症是不可治愈的这种信息便不宜分享。今天，大多数人，包括患者和医生在某种程度上都变得更开放、更诚实了。时至今日，对患者是否能够全权阅读、下载并参与书写自己的病历，依然存在着不同的声音。

由于大家公认纸质病历容易永久保存，所以我们从来不讨论关于修改病人病史这个问题。以美国为例虽然1996年颁布的《健康保险流通与责任法案》授予病人检查甚至修改自己纸质病历的权利，但这样的法案就像是给了身处沙漠中的人一艘船似的毫无用处，病历通常都存放在医生办公室或医院的病案室，想要查阅病历的病人不得不等上数周时间，同时还要支付高额的复印费，这些步骤旨在促使病人三思后，再提出如此不必要的要求，大多数病人也认为这确实是不必要的麻烦。

自从病历成为可无限重复下载的电子数据后，计算机密码是唯一可以阻止人们看到自己的检查报告、化验结果和病历的方法。

医疗信息化所带来的所有变化中，历史可能最终会判定向病人分享病历是最具变革性的。然而在理想和现实间横亘着一条巨大的鸿沟，而跨过这条鸿沟需要一个热忱的医生去说服他的同行，如果允许病人访问病历，他们就不需要花费一半的时间去修改病历中的错误部分。

（5）机器人

机器人医生正在大量出现，这些新的机器人，意味着智能医疗的发展，相当于在医疗系统中增加了大量的名医。这些名医，不仅具有高超的医术水平，最为重要的是，它们可以不受距离的限制，使得优质医疗资源能够到达很多偏远的地区。随着技术的发展，未来的很多医疗诊断，通过一个智能手机就能够完成。

文明的发展是通过扩大一些重要的行动来完成的，而这些行动我们却可以不假思索地完成。药剂师们先核对药方，核对完成之后几秒钟，就有标签从旁边的打印机打印出来，然后技术人员根据标签采集对应的药物。如果药物是药片，那么药剂师就将药片从药瓶里面倒出来或者从片剂包装里面挤出来；如果要求药物是以静脉滴注的方式供给，药剂师会用注射器穿过铝盖小心翼翼地将药物溶于注射液。

即使药房的技术人员发生操作失误，其他药剂师仍然有机会在药物离开药房之前纠正技术人员的错误，因为他们会检查每一份即将被送出药房的药品。但是病人可能会在几个小时或更长时间后才需要服药，所以这意味着仍然有时间将电子处方传送到药房机器人进行处理。药房机器人是专门为了药房抓药而设计的，它还能够将药片装入贴条形码的薄膜袋，然后将这些包装用塑料环捆绑，送去病房装在储药柜里。加州大学旧金山分校医学中心的首席执行官在机器人启用时说："这是我们为避免人为失误所迈出的第一步。"

毋庸置疑，机器人的确在某些方面比人类更加精准，这就是今时今日机器人已经在医疗行业和其他工厂作业中代替了人力的原因。加州大学旧金山分校医学中心的这台机器人就像其他的机器一样，非常准时又不需要休息，并且也不会像人一样分心。

随着机器人医生的出现，我们可以预估，优质医疗资源短缺的问题将得到极大的改善，也能降低医疗资源分布的地区不平等。

3. 数字医疗的趋势

近年来，越来越多的智能硬件都可随时连接网络，这无疑为数字医疗的发展提供了良好的土壤。虽然我国大众不像西方国家民众已经意识到健康的自我管理的重要性，并愿意为之支付高昂的费用，但数字医疗可助其健康管理更有效。在我国数字医疗能为解决医疗资源不均衡、过度医疗、药品和诊疗价格公开度低等问题提供有效的方案。

物联网、人工智能、机器学习、区块链数字技术正从消费和商业使用中转移到医疗行业，如借助智能手机就能让用户获取和共享自身的健康数据，医疗供应商能够与患者全天候互动，还能实现医疗服务的追踪和个性化定制，数字医疗技术的发展和应用使人们越来越确信它将改变医疗行业的现状与未来。数字医疗的内容也非常多样化，涵盖了从面向消费者的一般健康应用程序到通常需要政府监管部门批准的高级临床解决方案，医疗行业的数字化以及面向以价值为基础的医疗服务的巨大转变使数字医疗与传统医疗的结合日益紧密，数字医疗行业的趋势也愈加明朗化。

（1）数字技术优化医疗服务的工作流程

传统医疗过程中，患者从预约挂号到接受诊疗到享受医疗服务，通常需要几周或几个月的时间，医生们在诊疗时又十分匆忙，将患者数据输入电子病历还要花费太多的时间，如何高效地进行医疗服务交付成为困扰业内人士和患者的复杂问题。而数字技术的应用可以为那些时间紧迫的医疗人员提供决策支持、更高效的工作流程和不同形式的移动通信，使其能在更短的时间内接待更多的患者，同时也为患者提供更好的医疗体验。

此外，在决策支持、人工智能和数据工具等数字技术的辅助下，就医时间大为缩短，不仅使更多患者得到医疗服务，还有助于降低劳动力成本和医疗成本。例如，护士、初级保健医生、病例管理人员可通过数字技术分担一些原本属于医生专门从事的工作，使医生的更多精力集中于诊疗与医技水平的提升，甚至患者在数字技术的作用下也能利用智能移动设备在家中进行医疗方面的自我管理。

（2）AI助力药物研发与数字干预

AI落地医疗，在助力药物研发、医生诊断等方面表现非凡，目前正在为一线医生降低劳动强度，并帮助医疗资源覆盖到偏远地区。公众能够直观感受到的就是多地大医院配备的为患者回答问题、初步分诊、疏导引流的人形导医机器人。其实AI更多地表现为助力药物研发以及通过应用程序的设置与数字干预提高临床疗效，药物发现的过程涉及数百种化合物的鉴别以及这些化合物在后续试验过程中持续不断地被剔除，通过缩小治疗靶点的范围，AI能够更迅速、廉价地帮助药企研发新药，大大缩短研发新药的时间和成本。此外，借助AI技术，通过以临床上可证明的方式改善患者的健康应用程序等数字干预措施，使用各种健康、行为和情境数据，如睡眠、血压、血糖、体重等来改善患者的治疗计划。这类应用程序具有令人信服的临床疗效，制药公司也有兴趣将数字干预与其生产的药物相结合，以改善预后，并进行产品细分，然后直接与患者接触。例如，将传感器嵌入药丸中，以追踪患者的药物依从性。

（3）智能可穿戴医疗设备促进健康自我管理

虽然借助AI技术使药物研发方式不断改进，但目前药物的输送和监测手段仍然相对滞后。现行的医疗监测与药物输送手段，如量血压和测心率、输液等都容易出现人为失误，如果以皮肤为平台，将可穿戴装备放置在皮肤上以进行持续的生理监测和药物输送，实现健康的自我护理，不仅能让患者减少住院时间，而且获得的数据更可靠，更可大大减少人为失误。此外，通过智能可穿戴设备实时监测身体体征数据，通过对身体各项数据的显现，既可改善患者的治疗计划，也可促进更多的患者参与医患互动，还可督促用户养成良好的生活习惯，对疾病的预防也有好处。

（4）数字技术促进医疗数据的集成与分析

近年来，已经出现了电子病历中的数字化健康数据、智能手机捕获的健康数据和基因组数据等急剧增加的趋势。这些新型医疗数据集有许多用途，如医生可以通过分析这些数据来做出诊断和决策，患者也可以从数据的预后预测中受益，医疗保险公司和那些直接支付雇员保险的公司可以用它们来完善保险精算模型。而这些数据现在处于孤立、易受袭击的分散式状态，日益庞大的数据处理起来也很棘手，而且所有数据管理如今都面临一个共同难题，那就是无法实现数据共享。而区块链具备收集全球临床信息和共享医疗记录的巨大潜力。在区块链技术的作用下，医疗数据未来应该是去中心化的、受保护的、网络式的。例如，登记在区块链上的医疗数据会被加密处理，患者可以选择更有保障的途径，不同于将患者的信息孤立地存储在当地的医院，患者的每一次新的就诊经历都会被记录在一条链上，而且这些信息的获取权限完全由患者本人控制，可极大程度减少隐私泄露风险。

（三）数字教育

随着信息通信技术的发展，以及应用范围日益扩大，互联网的普惠、便捷、共享的特性已经逐步渗透到教育领域，助推教育全民共享、全面共享，促进教育公平，激发个性教育，重塑教育业态。

1. 数字教育的发展模式

从全球范围看，在以互联网为代表的新技术的推动下，教育产业正逐步朝着数字化、智能化的方向发展，呈现出多样化教育新模式。

（1）人工智能+教育

随着人工智能技术的不断成熟，人工智能与教育行业结合得也更加紧密。以人工智能为核心的教育科技开始从数据采集（语音识别、图像识别、传感器等）、数据处理（语义识别、大数据、自适应、认知计算、情感计算等）和人机界面（AR/VR、机器人、3D打印）三方面与教育行业开展深度结合及应用，逐步提高教学的智能性及互动性，开启数字教育新模式。融合应用主要集中在作业自动批改、拍照搜题类在线答疑、智能测评和个性化学习四个方向。

随着更多维度和更大量级的数据采集与数据汇聚，更高效的数据处理方法，以及更具互动性的人机界面的发展，今后人工智能在教育领域将形成点面结合的产品演进模式与系统化、智能化的产品应用潮流，人工智能将不断革新传统教育的学习范式，开启数字教育新模式。例如，从学习者角度出发的自适应学习系统将为学生生成智能化的学习内容，通过大数据分析与数据反馈，制定个性化的学习方案；从教学者的角度出发，依托人工智能实现口语语音测评、学情智能测评、虚拟学习助手等应用，有效提升教学反馈，提高教学质量。

（2）VR/AR+教育

日臻成熟的 VR/AR 技术与应用融合数字环境，建立平衡有深度的学习框架，提供更丰富生动的线上教育场景和"实操"机会，实现教师、学生、环境多维交互，带来更加沉浸式的体验，优化学习者的学习方式，增加学习的主动性和创新活力，甚至改变学习者的思维方式，影响对自我、世界和时空的看法，推动数字教育新变革。例如，教师讲授星空、星系，学生戴上虚拟现实头盔，能更好地体验场景且直观感知。沉浸式教学极大地提高了学习效率，降低实训成本和风险，如医疗手术、模拟驾驶、现场救援等，还能够百分之百地还原三维立体影像等。

（3）STEAM 教育

STEAM 教育是集科学（Science）、技术（Technology）、工程（Enginering）、艺术（Art）和数学（Mathematics）的多学科交叉融合发展的综合性教育，提倡"动手动脑的探索式"学习过程，是数字教育新理念。STEAM 教育具有重实践、重跨界、重创新的突出特点。人工智能、VR/AR、3D 打印技术与 STEAM 倡导的教育方式相结合，能使小学、初中、高中各个阶段的学生在更多的智能化场景中锻炼逻辑思维，提高动手能力，培养创新精神，开启素质教育新模式。

2. 数字教育的发展趋势

数字教育的发展对于促进教育公平，实现全民教育和终身教育，追求个性化教育作用巨大。我国数字教育需从制度、技术、模式等多个维度进一步加强探索创新，依托互联网新技术实现数字教育改善民生、增进社会福利的长远目标。

（1）营造健康、有活力的市场创新氛围

加快制定数字教育和数字教育资源质量标准，推动建立数字教育资源的准入和监管机制，完善数字教育资源知识产权保护机制。鼓励企业和其他社会力量开发数字教育资源，研发数字教育产品及应用，形成公平有序、健康、有活力的市场环境；鼓励互联网新技术、新应用在教育领域的创新发展；探索建立数字教育管理规范，发展数字教育服务新业态；出台教育数据管理规定，健全安全管理制度，形成教育数据资源开放共享机制，确保网络安全与教育资源内容安全。

（2）拓宽数字教育资源覆盖面

加大对偏远及欠发达地区的教育投入力度，优化资源配置，逐步建立优质数字教育资源的共建共享机制，提高数字教育资源的覆盖水平，加快优质教育资源向农村、边远、贫困地区覆盖，让互联网的便捷、共享真正普惠于人民大众，逐步实现教育公平。完善学校教育信息化设施，加强"无线校园"建设，进一步普及网络教学环境，无线网络全覆盖，完善国家教育资源公共服务平台，推动形成覆盖全国、互联互通、协同服务的数字教育资源公共服务体系。

（3）推动线上线下教育相结合

在数字教育中，互联网是主要载体，线上化、互联网化是手段与工具，优质的教学内容与师资力量是关键，线下的教学互动仍是重点。要使线上线下有机结合，鼓励学校和地方通过与具备资质的企业合作，推动在线开放资源平台建设和移动教育应用软件研发。整合各类优质教育资源，推进资源普遍开放共享，加快推动线上线下相结合的教育服务模式和学习方式的变革。

第二节　数字经济时代的工业物联网发展

一、工业互联网概述

2012 年底，美国通用电气公司提出了"工业互联网"（Industrial Internet）的概念，并在航空、石油、天然气、运输、医疗与能源行业等领域迅速推出 9 个工业互联网项目。2014 年 3 月，通用电器联合 AT&T、思科、IBM 和英特尔 4 家行业巨头成立工业互联网联盟，重新定义制造业的未来。该联盟旨在打破行业、区域技术壁垒，加速现实物理世界和虚拟数字世界全面融合。目前，工业互联网联盟已经成为最具影响力的国际化工业互联网组织之一。此外，在工业互联网联盟与德国工业 4.0 平台于 2016 年展开合作后，"工业互联网"与"工业 4.0"的概念也正式进行了官方对标，工业互联网作为更广范围的概念，将工业 4.0 包含其中。

工业互联网是新一代网络信息技术与制造业深度融合的产物，是实现产业数字化、网络化、智能化发展的重要基础设施，通过人、机、物的全面互联，全要素、全产业链、全价值链的全面链接，推动形成全新的工业生产制造和服务体系，成为工业经济转型升级的关键依托、重要途径、全新生态。

工业互联网是互联网发展的新领域，是在互联网基础之上，面向实体经济应用的演进升级。通常所说的互联网一般是指消费互联网，与之相比，工业互联网有三个明显特点：

一是连接对象不同。消费互联网主要连接人，应用场景相对简单，工业互联网实现人、机、物等工业经济生产要素和上下游业务流程更大范围的连接，连接种类、数量更多，场景更复杂。

二是技术要求不同。消费互联网网络技术特点突出体现在尽力而为的服务方式，对网络时延、可靠性等要求不是特别严格。但工业互联网既要支撑对网络服务质量要求很高的工业生产制造，也要支撑高覆盖高灵活要求的网络化服务与管理，因此在网络性能上要求时延更低、可靠性更强，同时由于直接涉及工业生产，工业互联网安全性要求更高。

三是发展模式不同。消费互联网应用门槛较低，发展模式可复制性强，完全由谷歌、脸书、亚马逊、阿里、腾讯等互联网企业主导驱动发展。工业互联网涉及应用行业标准杂、专业化要求高，难以找到普适性的发展模式，通用电气、西门子、航天科工等制造企业发挥至关重要作用。同时，互联网产业多属于轻资产，投资回收期短，对社会资本吸引力大。而工业互联网相对重资产，资产专用性强，投资回报周期长，且还存在一些认知壁垒。

工业互联网包括网络、平台、安全三大功能体系，其中网络体系是基础，平台体系是核心，安全体系是保障。工业互联网平台是工业互联网体系的核心，是工业智能化的"神经中枢系统"，是为数据汇聚、建模分析、应用开发、资源调配、检测管理等提供支撑，实现生产智能决策、业务模式创新、资源优化配置、产业生态培育等功能的关键载体。

工业互联网平台是面向制造业数字化、网络化、智能化需求，构建基于海量数据采集、汇聚、分析的服务体系，支撑制造资源泛在连接、弹性供给、高效配置的工业云平台。其本质是在传统云平台的基础上叠加物联网、大数据、人工智能等新兴技术，构建更精准、实时、高效的数据采集体系，建设包括存储、集成、访问分析和管理功能的使能平台，实现工业技术、经验、知识等的模型化、复用化，以工业APP的形式为制造企业提供各类创新应用，最终形成资源汇集、多方参与、合作共赢、协同演进的制造业生态。

目前，我国工业互联网平台已经从早期建设阶段步入应用推广阶段。近年来，我国的工业互联网平台建设在技术支撑、解决方案、应用体系、业态模式等方面取得了可喜的成绩。

一是创新发展工程有力支撑产业创新，多次系统化平台体系建设成效显著。截至2019年7月底，重点平台平均工业设备连接数达到65万台、APP达到1950个，工业模型数突破830个，平台注册用户数突破50万人。

二是融合带动技术创新，涌现一批以平台为核心的解决方案，为工业互联网创新发展开拓了新空间。"平台+5G"实现低时延、高通量、高可靠的数据集成利用；"平台+高清视频"实现高精度、异构化图像与视频数据的充分利用；"平台+VR/AR"实现三维图像快速生成与分析利用。

三是多层次全方位应用体系初步形成，行业赋能效果开始显现。平台企业深化分工合作，通过"平台套平台"模式加速行业落地，显著带动行业转型升级。平台落地合作由省级向地市级拓展，平台应用由点及面普及，工业互联网示范区建设成为区域合作新契机。

四是平台商业模式持续创新，平台生态不断壮大。制造企业、自动化企业、ICT 企业等以数据开放为纽带，积极打造价值共享的生态网络，加快形成创新引领、协同发展的产业体系。但同时，发展过程中也存在技术基础不牢、缺乏龙头企业、区域发展不均等问题。

二、工业互联网平台的基本架构

工业互联网平台包括技术维度、数据维度和应用维度三个层面，整体架构见图 6-2 所示。工业互联网平台通过支持制造资源的泛在连接、弹性供给、高效配置（边缘层），汇集数据资源向云端汇聚（IaaS 层），提供应用和工业 APP 开发环境（PaaS）层，实现工业知识经验与技术的模型化、软件化、复用化，构建工业机理模型和大数据分析模型，以工业 APP 的形式（应用层）为制造企业提供各类创新应用。

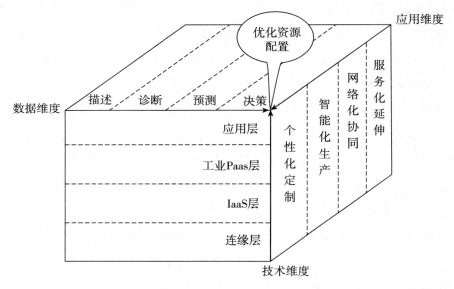

数据来源：《2018—2019 年中国工业互联网发展蓝皮书》

图 6-2　工业互联网平台的整体架构

（一）技术维度

从技术维度看，工业互联网平台主要包括边缘层、IaaS 层、平台层（Paas 层）和应用层。

1. 边缘层

对海量数据的全面感知是工业互联网平台功能的核心。工业互联网平台的边缘层数据采集的本质是利用泛在的传感器和感知技术，对多源设备、异构系统、运营环境等设计和生产及运营等要素涉及的海量数据进行采集、集成处理，并向平台端汇聚进行大数据分析计算，或者在边缘端进行边缘计算。根据大数据分析计算结果，实现对生产现场状况、设备运营情况、市场客户需求等的评估，从而实现机器控制、智能决策、优化管理等功能。

边缘层的要素构成包括：数据分析能力、网络传输能力和协议转换能力。

2. IaaS 层

IaaS 是基础设施即服务。工业互联网平台的 IaaS 层基于虚拟化技术、分布式存储、并行计算、负载调度等技术，将计算、存储、网格等计算机资源池化，向用户提供可计量、弹性化的资源服务，并确保资源使用的安全与隔离，为用户提供云基础设施服务，实现工业大数据的存储、计算、分发功能。

工业云基础设施的核心价值包括：提供大规模分布式资源，实现虚拟化，具备高可靠性和扩展性，提供资源调度，按需服务。

3. 工业 PaaS 层

工业 PaaS 层是工业互联网平台的核心，是构建基于工业互联网平台的制造业生态的核心。其本质是在现有成熟的 IaaS 层上构建一个可扩展的操作系统，为工业应用软件开发提供一个基础平台，实现对软硬件资源和开发工具的接入、控制和管理，为应用的开发提供必要接口及存储计算、工具资源等支持。

工业 PaaS 层最核心的价值是将大量工业技术原理、行业知识、基础工艺、模型工具等规则化、软件化、模块化，并封装为可重复使用的组件，具体包括通用类业务功能组件、工具类业务功能组件、面向工业场景类业务功能组件等。工业数字化模型主要包括工业机理模型与大数据分析模型两大类。

4. 应用层

应用层为工业互联网使用者提供能够满足不同行业、不同场景的工业应用服务和产品，形成工业 APP，形成工业互联网的最终价值。应用层的主要功能有两个：一是构建工业 APP 和工业微服务的开发创新环境；二是提供设计、管理、服务等一系列创新性业务应用。应用层通过新商业模式的打造，不断汇聚应用开发者、软件开发商、服务集成商、工业用户和平台运营商等各方资源，正在成为行业领军企业和软件巨头构建、打造共生共赢生态系统的关键。

工业 APP 是应用层的关键，主要表现为：面向特定工业应用场景，整合全社会资源，推动工业技术、经验、知识和最佳实践的模型化、软件化、再封装。工业 APP 面向企业客户提供各类软件和应用服务，能极大地提升制造业供应链协同能力、资源配置效率和创新水平。

（二）数据维度

随着海量数据汇聚到工业互联网平台上，工业知识、经验、技术等将以工业机理模型和大数据分析模型的形式沉淀在平台上，可以用来解决工业领域的4个基本问题：一是描述发生了什么事情，即状态感知；二是诊断为什么会发生，即实时分析；三是预测下一步将发生什么，即科学决策；四是决策应该怎么做，即精准执行。描述、诊断、预测、决策体现了人与机器智能的4种协同状态。当人工判断占决策的比重越来越少时，系统的自动化、智能化程度就越来越高。

数据的第一道流程是描述，即描述设备、工艺发生了什么。描述型分析一般通过计算数据的各种统计特征，把各种数据以便于人们理解的可视化方式表达出来。在工业互联网平台数据流中，这可以被理解为状态感知，通过各种各样的传感器感知物质世界的运行状态。

数据的第二道流程是诊断，即通过对工业大数据的实时分析，实现数据、信息、知识的转化。在对描述性数据进行评估时，诊断将有助于分析人员针对生产、销售、管理、设备运行等过程中出现的问题和异常，找出导致问题的根源所在，从而在根本上解决问题。利用工业大数据分析技术和建模仿真技术，对实时采集到的数据进行多种形式的分析，包括设备故障诊断、质量事故分析等。

数据的第三道流程是预测，即针对生产、运营中的各种问题，根据当前的数据与分析，预测未来可能发生的结果，包括预测需求、预测制造、化解和避免不可见的风险。在这个充满不确定性的世界，预测能够使人做出更好的决策。例如，在制造系统中，如果可以预测到设备的老化对质量的影响，就可以在制造过程中对质量风险进行补偿和管理，增加制造系统的弹性和坚韧性。

数据的第四道流程是决策，其核心在于如何把海量工业数据转化为信息，信息转化为工业知识，工业知识转化为精准决策，以解决制造过程中的复杂性和不确定性等问题。数据分析和预测的重要目的是决策支持，这是以往的控制系统所不具备的特性，也是工业互联网平台功能的本质。

（三）应用维度

制造业与互联网融合的主线是激发制造企业创新活力、发展潜力和转型动力，融合的目的就是要推动新旧发展动能和新旧生产体系的转换，融合的重要标志是形成了新模式、新业态和新产品。目前已经展现出如下特征。

第一，从大规模生产到个性化定制。个性化定制是从传统工业过渡到智能制造阶段的重要标志。个性化定制的本质是满足客户个性化的按需生产，应对随着需求升级而产生的制造业体系升级。从需求侧看，随着消费升级，消费者愿意为范围更广、定制程度更深的个性化产品付费；从供给侧看，定制企业亟须寻找一个新的个性化定制运作模式，能使企业以较低的价格、较短的时间提供给顾客所需要的个性化产品和服务。

第二，从独立型制造到网络化协同。网络化协同模式是指企业借助工业互联网平台或工业云平台，集成生产制造、企业管理、上下游供应链等的先进制造系统。网络化协同使企业的价值链从单一的制造环节向上游设计与研发环节延伸，企业的管理链从上游向下游生产制造控制环节拓展，企业合作模式向协同化发展，有效降低资源获取成本，大幅延伸资源利用范围，从而促进产业整体竞争力提升。

第三，从传统式生产到智能化改造。智能化生产是指利用先进制造工具和网络信息技术对生产流程进行智能化改造，实现数据的跨系统流动、采集、分析与优化，完成设备性能感知、过程优化、智能排产等智能化生产方式。智能化生产的本质在于以数据的自行流动化解复杂系统的不确定性，提高制造资源配置效率。

三、工业互联网平台的典型案例

海尔——以用户为中心的工业4.0落地尝试。在海尔商城的首页，有一个醒目的"我要定制"标签，只需要五步选择，用户就可以定制一台具备个性化功能组合的空调，这种基于模块化的定制服务，是海尔近年来实践工业4.0落地的成果之一。工业4.0不仅是制造设备的智能化升级，更是一场管理理念，管理体系的变革，是在物理与信息融合的时代，对资源组合方式的新探索。

工业4.0可用两个词来概括——"互联"与"融合"，在工业4.0中，人、设备和产品将通过互联技术实现融合，在企业内部实现人与人、人与机、机与产品的无对接，在组织层面实现企业与企业、企业与消费者的对接，以物理信息系统为基础，实现信息技术与制造技术深度融合，是产品设计过程、制造过程、服务过程以及企业管理的数字化、网络化和智能化，这是工业4.0最突出的主线。

（一）重塑：工业4.0引发的管理变革

海尔正在打造的"双胞胎系统"，是将物理世界和虚拟世界有机结合的尝试，通过"海立方""众创汇""海达源"等交互平台，海尔将用户的需求经由虚拟设计和装配系统转化为产品方案，再通过互联工厂的制造和智慧物流将它们配送到用户家中。

1. 重塑战略思维：从一体化走向生态圈

工业4.0战略希望构建一个高度灵活、个性化、数字化的智能制造模式，互联网和虚拟技术的应用，将产品制造从规模同质逐渐转为更快、更好地满足用户的个性化需求。承接工业4.0的互联工厂是一个涵盖设计、采购、制造、营销和服务的全流程生态图，是一种满足用户需求的体系和能力。

海尔集团通过网络化和平台化的变革，对组织结构和流程进行了彻底的重构，在内部实现全流程的并联，同时保证外部资源能够无障碍进入。通过构建一个内外融合的生态圈，工业4.0的构想正在海尔手中变为现实。

2. 重塑生产方式：从大规模制造走向定制化

对于企业来说，智能制造不仅意味着有能力为每一名顾客提供定制化产品，更意味着只有能够发现并满足每一名顾客的需求，才能保证自己的生存。在定制化生产中，顾客是产品的购买者和使用者，更是产品的发起者和设计者。工业4.0为企业提供了真正了解用户需求的渠道，也将产品差异化的竞争上升为对用户选择权的竞争。工业4.0从大规模制造走向个性定制化。

在通过模块化实现大规模定制能力的基础上，海尔变革组织流程，将用户接入产品设计、制造交付的全流程之中。模块化使产品结构大为简化，用户只需要进行几个简单的选择，就能搭配出一台个性化的产品。比如海尔郑州互联工厂，通过11个通用模块和4个个性模块，可以组合出200多种用户定制方案，满足用户个性化的需求。用户在网站上选择自己想要的功能和体验，互联工厂通过对模块的组合，就可以组装出一台符合用户个性化需求的产品。

2015年3月，海尔生产出了首台用户定制空调，空调的颜色、外观、性能、结构等全部由用户决定。在智能制造技术的支撑下，完全不懂技术的用户和苦恼于不了解需求的设计师、供应商，在海尔平台上开启了一个"人人自造"的时代。

（二）切入：以用户为中心驱动智能制造体系建设

智能制造时代，以"企业为本"的观念将难以生存，个性化定制要求企业真正理解用户。智能制造体系的搭建，必须是以用户为中心来驱动的。

海尔集团自2012年起进入网络化变革，已经初步建立起一套完整的智能制造体系。海尔在沈阳、佛山、郑州和青岛新建的四个互联工厂，已经能够生产空调、冰箱、洗衣机和热水器四大品类的定制化产品。在组织转型和搭建互联工厂的实践中，海尔集团董事局主席、首席执行官张瑞敏对所有员工提出了一项核心要求：与用户零距离。互联工厂就是要"互联出用户的最佳体验"，实现大规模定制，这已经是海尔内部的共识。互联工厂具有三个基本特征：

①从用户角度出发，用户全流程参与，实现用户的个性化定制和全流程的可视化；

②与用户实时互联，研发、制造、供应和物流的全流程全供应链整合；

③自动化生产和用户的个性化相结合，从为库存生产转型为用户生产。

（三）全流程的零距离接触

工业 4.0 带来的不只是企业生产能力上的提升，也是用户购买和使用产品体验的提升。上文所描述的用户定制和用户设计，就是工业 4.0 带来的进阶体验之一。海尔认为，从产品设计直到用户真正用上产品的整个研发、生产和交付的流程，都可以通过"与用户零距离"提升用户的体验。

在产品设计环节，模块商、小微研发和小微生产，围绕着用户及其特定需求组织起来，在多方、实时、零距离的交互中形成一套个性化的解决方案。当方案确定后，直接进入互联工厂的生产系统，此时用户还可以随时查询产品的生产状态和物流状态，直到产品交付到用户手中。海尔认为，将整个定制化生产的流程完全开放给用户，使个性化产品的生产处于用户的掌握之中，是对用户体验的一大提升。

对用户个性化需求的同步共享和生产线的协同，依靠的是"一横一纵"两个方向的数字化整合。横向的整合，即通过互联技术的应用，将用户需求、产品设计、制造、物流和服务等全流程供应链体系整合起来。纵向的整合，指的是搭建物联网，实现企业、工厂、车间、设备和人的物物互联。

第三节　数字经济时代的数字农业发展

数字农业是将遥感、地理信息系统、全球定位系统、计算机技术、通信和网络技术、自动化技术等高新技术与地理学、农学、生态学、植物生理学、土壤学等基础学科有机地结合起来，实现在农业生产过程中对农作物、土壤从宏观到微观的实时监测，以实现对农作物生长、发育状况、病虫害、水肥状况以及相应的环境进行定期信息获取，生成动态空间信息系统，对农业生产中的现象、过程进行模拟，达到合理利用农业资源，降低生产成本，改善生态环境，提高农作物产品和质量的目的。数字农业使信息技术与农业各个环节实现有效融合，对改造传统农业，转变农业生产方式具有重要意义。

近年来中国"互联网+农业"加速发展，互联网和信息技术在农业生产经营中被广泛应用，农业生产智能化已初见雏形，农业电子商务迅猛发展，大数据应用不断深化。"互联网+"推动农业转型升级的成效初步显现，有力地促进了中国数字农业与数字乡村的发展。

一、数字技术在农业中的应用

(一) 农业+物联网技术

物联网技术在农业中的应用，是通过应用各类传感器设备和感知技术，采集农业全产业链的相关信息，通过无线传感器网络、移动通信网和互联网进行信息传输，将获取的海量农业信息进行数据清洗、加工、融合、处理，最后通过智能化操作终端，实现农业产前、产中、产后的过程监控、科学决策和实时服务。智能传感器作为通用的系统前端感知器件，可以助推传统农业产业的升级，推动创新应用，农业智能传感技术是农业智能制造和农业物联网的先行技术。"十三五"期间，农业农村部在全国 9 个省市开展农业物联网工程区域试点，截至 2018 年底，已形成了 426 项节本增效农业物联网产品技术和应用模式。围绕设施智能化管理的需求，我国自主研制出了一批设施，包括农业作物环境信息传感器、多回路智能控制器、节水灌溉控制水肥一体化等技术产品，对提高中国温室智能化管理水平发挥了重要作用。

(二) 农业+大数据和云计算技术

农业大数据是大数据理念、技术和方法在农业领域的实践与应用。一般认为农业大数据是指农业产业维度内全要素、全时段、全区域、全样本的数据集合，农业大数据的获取来源广泛、数据类型多样、结构复杂，并且融合了农业产业和农产品的地域性、季节性、多样性、周期性等特征。农业大数据的收集分析难度较大，同时也具有巨大的潜在价值。近年来，农业大数据技术逐渐深化，用大数据决策指挥、管理服务、引导产销的方式也逐步得到应用。2018 年 5 月，农业农村部开始建设重要农产品单品种全产业链大数据，并率先建设苹果产业大数据中心。在农业农村部的支持下，由农业农村部信息中心会同陕西省果业管理局等涉农大数据和苹果产业相关企事业单位、社会组织成立了全国苹果大数据发展应用协作组，建设了国家级苹果产业大数据中心，以期为苹果产业链主体提供高效协同的经营服务。

云计算可以采集、存储具有物联网特性的资产和用户数据，目前也已经在农业领域开始应用。如京蓝科技采用阿里云提供的云计算资源、大数据分析计算能力，成功研发出"作物全生育期灌溉大脑""京蓝物联网平台""京蓝灌溉云平台"等涉及现代农业的 SaaS 型产品，在内蒙古、宁夏、山东、广西、河北等地投入使用，取得良好成效。

(三) 农业+人工智能

人工智能是研究、开发用于模拟、延伸和扩展人的智能的理论、方法、技术及应用系统的技术科学。农业数据获取技术的不断成熟完善，海量农业数据的累积，加速了农业领域人工智能的实现，包括机器人、语音识别、图像识别、自然语言处理和专家系统等都在农业领域加快研发和应用，其中农业机器人技术是多项人工智能技术在农业领域的集成应用。农业机器人本质上是由不同程序软件控制作业，能感知并适应作物、畜禽种类或环境变化，具有检测和演算等功能，并进行自动操作的人工智能机械装备。农业机器人在智能种植、智能养殖、质保、监测巡查等方面都有应用，现已开发出采摘机器人、耕耘机器人、农田信息采集机器人、施肥机器人、除草机器人、喷药机器人、嫁接机器人、分拣机器人等。农业机器人的研制和应用推动机械化农业向智慧农业初步转变。

根据应用地点的不同，农业机器人大致可分为两类，一类是行走类农业机器人，另一类是机械手类农业机器人。行走类农业机器人主要用于大田作业中耕耘、播种、植保、施肥、收获等作业，无人驾驶农机是研发行走类农业机器人的核心技术。华南农业大学罗锡文院士团队和中国农业大学的毛恩荣团队分别以东方红 X-804 拖拉机、铁牛 654 型号拖拉机和雷沃 TG1254 拖拉机为研究平台研发了自动导航控制系统。机械手类农业机器人主要有育苗机器人、喷药机器人、蔬菜嫁接机器人、果树采摘机器人等，我国在果蔬采摘机器人、嫁接机器人等方面都有较好的发展。如国家农业智能装备工程技术研究中心开发出了贴接法嫁接机器人，华南农业大学研发了荔枝采摘机器人，中国农业大学研发了黄瓜采摘机器人，这些均在生产上有了实际应用，工作效率显著提高。

农业智能装备、无人遥感飞机等装备的应用实现了农业智能监测、智能喷洒、智能施肥和智能勘察。我国已成功地将现代电子技术、控制技术、传感器技术、农机工程装备技术集成应用于精准农业智能装备中。在农业生产中经常应用的典型智能装备技术主要有自动导航技术、播种监控技术、土地精细平整技术、智能产量监测技术、变量施肥技术和农药变量喷洒技术。此外，无人机的应用也逐渐由军事领域转入农业领域。当前在我国，除了传统的航空植保农药喷洒之外，无人机在土地确权、标准农田管理、航空植保和农田测损方面的应用越来越广泛。

二、数字经济对欠发达地区发展的作用

党的十九大报告提出实施乡村振兴战略。推进农业农村数字化转型，是实施乡村振兴战略的重要内容。

（一）数字经济助力农业现代化

数字农业理念的产生给农业发展带来了新的机遇，让农业生产由靠"天"向靠"智"转变，让传统农业由结构调整，再实现转型升级，推进农业供给侧结构性改革，大力推进规模化经营、标准化生产、品牌化营销，向农业的深层次、多层次进军。以数字化、智能化、信息化为主要内容的数字农业兴起，有利于形成大批高效、生态、安全型技术和技术产品。

数字农业的发展，一方面得益于物联网等新信息技术日渐成熟，另一方面也是现代农业未来发展的需要。通过物联网与精细农机相结合，特别是较大规模的现代化农场，对企业的经济效益和管理都有很大提高。数字农业的应用价值包括：①建立无线网络监测平台，对农产品的生长过程进行全面监管和精准调控；②开发基于物联网感应的农业灌溉控制系统，达到节水、节能、高效的目的；③构建智能农业大棚物联网信息系统，实现农业从生产到质检和运输的标准化和网络化管理。另外，数字农业能够极大便利客户迅速、稳定、低成本地部署业务，为其提供一揽子解决方案。

根据《2019 全国县域数字农业农村发展水平评价报告》，2019 年全国县域数字农业农村发展总体水平达到 33%，县域财政总计投入数字农业农村建设资金 129 亿元；县域城乡居民人均电信消费突破 500 元；农业生产数字化改造快速起步，2018 年农业生产数字化水平达 18.6%；全国已有 77.7% 的县（市、区）设立了农业农村信息化管理服务机构。目前我国数字农业发展与数字乡村建设已取得显著成就，促进农业转型升级的成效初步显现。

据国际咨询机构研究与市场（Research and Market）预测，到 2025 年，全球智慧农业市值将达到 3 001 亿美元，发展最快的是亚太地区，2017—2025 年年复合增长率（Compound Annual Growth Rate，CAGR）达到 11.5%，主要内容包括大田精准农业、智慧畜牧业、智慧渔业、智能温室，主要技术包括遥感与传感器技术、农业大数据与云计算服务技术、智能化农业装备（如无人机、机器人）等。

（二）数字经济助力扶贫攻坚

2019 年 4 月，中央网信办、国家发展改革委、国务院扶贫办、工业和信息化部联合印发《2019 年网络扶贫工作要点》，提出要充分释放数字红利，加大网络扶贫工作力度。网络赋能扶贫攻坚，成效显著。

近年来，农村通信和互联网基础设施建设加快，为扶贫攻坚奠定了基础。我国"村村通"和"电信普遍服务试点"两大工程深入实施，中国广大农村及偏远地区贫困群众逐步跟上互联网时代的步伐，同步享受信息社会的便利。2019 年 10 月，我国行政村通光纤和通 4G 比例均超过 98%，贫困村通宽带比例达到 99%，实现了全球领先的农村网络覆盖；试点地区平均下载速率超过 70M，基本实现了农村城市"同网同速"。农村及偏远地区学校网络接入条件不断改善，全国中小学校联网率超过 96%，助力实现教育均等化，为网络扶贫奠定坚实基础。

　　电商扶贫在扶贫攻坚过程中发挥了不可替代的作用。以始于 2000 年的阿里巴巴电商扶贫为例，其核心思路是用商业模式扶持贫困地区经济发展，通过电商赋能使其具备致富脱贫的能力。"淘宝村"和"农村淘宝"是阿里巴巴电商扶贫战略体系的"双核"。"淘宝村"以市场为主要推动力量，核心是"大众创业、万众创新"，依靠市场激发出草根创新力。"农村淘宝"以"平台+政府"为主要推动力量，核心是建设立足农村的电子商务服务体系，培育电商生态，完善电商基础设施，推动贫困群众对接电子商务，助其增收节支，进而改变其生产和生活方式，从物质层面和精神层面双双脱贫。先期成长起来的"淘宝村"，是由市场需求驱动建立起来的电商服务体系，可以帮助"农村淘宝"为农村居民提供更多的服务；而依托"农村淘宝"培育和建立的电商生态和基础设施，未来在农村也有机会孵化出更多的"淘宝村"。加上阿里平台上诸多的涉农业务，如"特色中国""满天星""农村金融"等，共同构成了阿里巴巴"双核+N"的农村扶贫战略体系。2015 年，以阿里巴巴、京东、苏宁为首的电商巨头在全国范围内铺开农村网点，开始在农村市场扎根，这一年被称为"农村电商元年"。

　　2018 年，农村电商逐渐告别野蛮生长时代走向转型发展的新阶段。农村电子商务的快速发展让越来越多的农民脱贫致富，尤其是迅速兴起的各类"淘宝村""电商村"，显示了农村借助互联网实现跨越式发展的巨大潜力。2017 年，国务院扶贫开发领导小组办公室支持 260 个县级地区开展"电商进农村"综合示范工作，其中包括 237 个国家级贫困县；2018 年新增示范县 260 个，其中国家级贫困县 238 个（含"三区三州"深度贫困县 64 个），欠发达革命老区贫困县 22 个。截至 2018 年第 3 季度，综合示范项目已累计支持 1016 个县，覆盖国家级贫困县 737 个，占国家级贫困县总数的 88.6%，其中的深度贫困县为 137 个。根据《中国电子商务发展报告 2018》，2018 年全国农产品零售额达 2305 亿元，同比增长 33.8%，比全国零售额增速高 9.9 个百分点。农村各类经济主体与大型电商企业协调发展的格局初步形成，为农村特别是贫困地区的经济发展、增加农民收入和改善人民生活发挥着积极作用。

　　在旅游扶贫方面，乡村旅游成为我国贫困人口脱贫的重要途径之一。国家乡村旅游监测中心数据显示，设在全国 25 个省（区，市）的 101 个脱贫监测点（建档立卡贫困村），通过乡村旅游经济实现脱贫的人数为 4796 人，占脱贫人数的 30.49%，通过乡村旅游实现监测点贫困人口人均增收 1123 元。在此过程中，旅游扶贫通过短视频进行宣传，进一步激发乡村旅游消费潜力，使更多的民众参与到扶贫助农活动中来，推进扶贫行动纵深发展。随着农村互联网基础设施的完善、智能终端的普及，简单易用的短视频成为农民的娱乐、生产工具。贫困地区群众通过拍摄家乡自然风光、风土人情的短视频，吸引游客，推动乡村旅游，带动当地经济发展。同时，越来越多的农民转变为视频博主，在短视频的帮助下解决乡村特产的销售问题。截至 2019 年 9 月，已超过 190 万人在快手平台上获得收入，其中超过 500 万人来自国家级贫困县，有 15 万人通过在快手平台卖货，年销量总额达到 193 亿。四川凉山自治州"悬崖村"利用短视频实现脱贫，陕西杨凌、山东泰安等地的短视频乡村创业、扶贫等活动，均取得了较好成果。

2019 年 5 月，中共中央办公厅、国务院办公厅印发了《数字乡村发展战略纲要》，提出加快乡村信息基础设施建设，发展农村数字经济。在发展农村数字经济方面的主要任务如下：

第一，夯实数字农业基础。完善自然资源遥感监测"一张图"和综合监管平台，对永久基本农田实行动态监测。建设农业农村遥感卫星等天基设施，大力推进北斗卫星导航系统、高分辨率对地观测系统在农业生产中的应用。推进农业农村大数据中心和重要农产品全产业链大数据建设，推动农业农村基础数据整合共享。

第二，推进农业数字化转型。加快推广云计算、大数据、物联网人工智能在农业生产经营管理中的运用，促进新一代信息技术与种植业，种业、畜牧业，渔业，农产品加工业全面深度融合应用，打造科技农业、智慧农业、品牌农业。建设智慧农（牧）场，推广精准化农（牧）业作业。

第三，创新农村流通服务体系。实施"互联网+"农产品出村进城工程，加强农产品加工、包装、冷链、仓储等设施建设。深化乡村邮政和快递网点普及，加快建成一批智慧物流配送中心。深化电子商务进农村综合示范，培育农村电商产品品牌。建设绿色供应链，推广绿色物流。推动人工智能、大数据赋能农村实体店，促进线上线下渠道融合发展。

第四，积极发展乡村新业态。推动互联网与特色农业深度融合，发展创意农业，认养农业，观光农业，都市农业等新业态，促进游憩休闲、健康养生、创意民宿等新产业发展，规范有序发展乡村共享经济。对于欠发达地区的地方政府来说，在实施乡村振兴战略过程中，要大力发展农业数字化和设施农业，提高农业生产效率；大力发展精准农业、智慧农业、互联网+农业、农业农村大数据，促进农业农村现代化；大力发展"互联网+乡村旅游"，促进全域旅游发展；大力发展农村电商推进农产品上行，让农民不但把农产品卖出去，还能卖个好价钱。通过农村农业大数据和农村电子商务推进欠发达地区农业数字化转型。

第五，农业农村大数据。在农业领域，大数据可以应用于农产品产量预测、农业病虫害预警、农产品价格走势分析等领域，有利于精准农业和智慧农业的发展，促进农业组织化，规范化，品牌化。我国已进入传统农业向现代农业加快转变的关键阶段。突破资源和环境的制约，需要运用大数据提高农业生产精准化. 智能化水平转变农业生产方式。突破成本"地板"和价格"天花板"双重挤压的制约，需要运用大数据推进农业供给侧结构性改革，提高农业全要素生产率。提升我国农业国际竞争力，需要运用大数据分析全球农业发展情况，增强我国农业在国际市场上的话语权、定价权和影响力。引导农业发展，需要运用大数据提升农业综合信息服务能力，让农民有更多的获得感。推进农业主管部门的治理能力现代化，需要运用大数据分析掌握农业经济运行情况，促进决策科学化。

第六，发展农村电子商务。农村电子商务是指农产品、农业生产资料、农民消费品和服务的网上交易活动。农村电子商务是转变农业发展方式，促进农业现代化的重要手段，是精准扶贫的重要载体。发展农村电子商务，可以推动农民创业就业、开拓农村消费市场，带动农村扶贫开发，有利于推动农业升级、农村发展、农民增收，破解"三农"问题。

第七，建立和完善县乡村三级电商服务体系，以"互联网+"整合。目前，在农村电商领域活跃多股力量，如阿里巴巴、京东等大型电子商务平台运营商，赶街网，乐村淘等专业农村电商企业，供销社，邮政等传统力量。不少地方虽然建立了县级电商运营中心、乡镇电商服务中心和村级电商服务站，但没有形成合力。需要建立县、乡、村三级电商服务信息平台，整合农村电商资源，以信息流带动订单流、物流、资金流、人才流等。采用"农民+公司+电商平台"的方式，可以促进农产品网上销售。通过团购方式，可以使农民以比较低的价格买到生活用品和农业生产资料，让农民得到实惠。要通过"互联网+物流"的方式解决农村电商物流"最后一公里"问题，把农产品上行物流和工业品下行物流结合起来，充分利用当地农民的拖拉机、三轮车、小货车，小轿车以及农村公交车等运输车辆、以捎带的方式减少空驶率，以集中装车发车的方式降低农村电商物流成本。

第八，着力解决痛点问题，保障农民权益，方便农民生活。传统农户分散经营，无法形成规模效应。对于有特色农产品或产业集群的地方，可以打造区域品牌，发展产业互联网。农村集贸市场和农产品批发市场要进行互联网化转型，采取O2O经营方式。采用B2B的农产品批发模式，比农民自己网上零售能更快、更多地把农产品销售出去，解决农产品滞销问题。同时，建立监管机制，解决网上假货问题。农村电商与"互联网+"为农民提供便利服务，如交费、购票、医疗、教育等。

第四节　数字经济时代的数字出版产业发展

数字经济促进我国出版产业重构，随着出版产业数字化进程加快，从政府角度建立起数字经济环境下与我国出版产业相协调的治理体系至关重要。数字经济是以大数据分析为基础，建立在信息技术之上的经济形态，数字经济背景下我国出版产业围绕"以市场经济为基础、以技术更新为动力"的发展方向，呈现出供应链的重构与出版媒体的融合、出版产业的规模报酬效应、特殊定价机制与知识产权保护、数字出版企业间并购重组等经济特征。以数字经济环境下我国出版产业的经济特征为依据，政府通过宏观调控政策、市场引导政策、技术促进政策、规范性政策的实施，加速构建数字经济环境下我国出版产业的政策体系，保障我国出版产业稳定、有序、快速发展。

一、数字经济背景下我国出版产业的发展

（一）数字经济对我国出版业的影响

数字经济是市场化进程中出现的经济形态，数字经济催生我国出版业深刻变革，出版产业的边界被大大拓展。我国出版单位通过产品开发、平台搭建、服务创新等路径积极进行数字化转型，建立起融合发展的制度体系与运行格局，不断催生数字出版产业的新模式、新渠道，改变了传统的发行方式，深刻影响了出版业选题、传播及消费等环节，出版行业数字化、信息化水平显著提高。

（二）数字经济背景下我国出版产业的发展

数字经济是随着信息技术的进步在传统经济基础上发展起来的，数字经济给传统经济学带来了改变，如市场经济理论、边际理论、价格理论等内容。数字经济供给侧具有低边际成本、规模经济的特点，需求侧具有网络效应的特点。数字经济环境下，出版产业的商业模式通常是依托平台核心业务不断拓展的过程，实施出版产业发展政策的根本目标是转变出版发展方式，促进出版产业的结构调整和升级，保障高质量出版产业发展。数字经济环境下，平台经济是数字经济的重要组成部分，具有依托数字技术，促进多方供求交易的特征。我国出版产业发展政策应遵循平台经济的特点，充分发挥平台在数字出版系统中的基础性作用，利用市场经济理论、产权理论、边际理论、外部性理论等经济学理论，制定相关配套政策，促进平台系统的自我规制，加强对平台系统中组织形态的治理能力。数字经济背景下我国出版产业的分析框架为：以市场经济理论、产权理论、边际理论、外部性理论等经济学理论为基础，以平台经济为核心，分析数字经济背景下我国出版产业的经济特征，从而构建数字经济背景下我国出版产业的政策体系。数字经济背景下，我国出版产业的发展过程中，政府的扶持与监管政策至关重要，政府作用的重点是支持出版产业发展中起正外部性作用的数字基础设施建设、加强意识形态领域的引导、培育出版企业的核心竞争力、保障数字经济环境下出版业的市场秩序。政府需要不断完善有利于出版产业发展

的技术供给体系和政策体系，为新形势下我国出版产业的发展提供必要的技术和政策支持。

二、数字经济背景下我国出版产业的特征

（一）以市场经济为基础，以技术更新为动力

数字经济是伴随着市场化程度加深和技术进步的过程中产生的经济形态，因此，"以市场经济为基础、以技术更新为动力"是数字经济环境下我国出版业的主要特征。市场经济是通过自由市场和价格体系来进行生产、交换、分配、消费的经济活动，数字经济背景下我国出版产业是以市场为导向的。但是，数字经济中的市场突破了时间和空间的限制，个体在网络空间中具有对等的身份，破除了传统经济形态中的信息不对称，政府可以通过信用监管，使市场分配资源变得透明、可信。在传统市场中，市场依据市场供求的自发调节。在数字经济环境下，网络平台具有主动调控的功能，这时的政府并不具备全部的调控功能。平台掌握着网络空间中生产者特征、消费者特征等资源配置信息，比如，出版企业可以针对不同用户的阅读目的，为其推送不同的阅读内容，运用不同的智能算法对内容筛选、重组，以适应不同用户的阅读偏好。出版企业往往通过大数据对市场进行准确分析和预测，进行社会资源配置，从而引导出版工作。这就需要政府制定宏观调控政策和对平台管理的规范性政策，避免平台通过技术性手段，如数据挖掘、分类、排序等算法恶意引导资源配置的方向。

把握数字经济背景下出版产业的变革，必须从技术特征入手分析数字技术给出版产业带来的发展方式的改变。高速互联网是现代出版产业发展的基础，5G、人工智能等信息技术极大地促进了数字文化产业的创新，视频、文字、AR/VR等各种内容产品不断融合，新的出版形式不断出现。2021年11月，工信部发布《"十四五"信息化和工业化深度融合发展规划》，针对产业新发展、基础建设做了部署。虽然我国出版产业正在积极实施数字化转型，但数字化与传统出版产业真正融合还有差距，只有推动技术进步，布局数字基础设施建设，才能保障数字出版产业的快速发展。技术的革新往往给经济增长带来持续的动力，但需要通过一系列的政策构建和制度创新来鼓励技术更新，从而保障我国出版产业长期发展。

（二）以正外部性特征为依据，催生供应链的重构与出版媒体的融合

以色列学者奥兹·夏伊首次提出了"网络外部性"的概念，"当一种产品对用户的价值随着采用相同的或相似产品的用户增加而增大时，就出现了网络外部性"。数字经济环

境下，在我国出版产业中，由于数字信息流交互与广播，使得用户信息可以在更大的范围内共享，信息价值倍增的同时，彰显了数字出版平台的价值，在数字出版模式中呈现了显著的正外部性特征。并且，通过同一平台联结的供需双方具有依赖性，用户数量和出版供应商数量的增多都会形成正向反馈，呈现正外部性特征。因此，在数字技术的推动下，出版产业链重塑了供需两端的相互关系，构建了供给侧和需求侧，上游、中游与下游的合作共赢关系。比如，处在供应链中游的运营商承担着供应链的重要作用，将内容创作、数据完善等任务众包给用户，用户和平台运营商是战略合作伙伴关系，从而提升了平台的网络外部性。

产业融合在传媒领域广泛出现，美国学者格里斯坦（Greenstein）和卡恩（Khanna）将产业融合定义为"为了适应产业增长而发生的产业边界的收缩或消失"，数字媒体技术通过直接或间接外部性影响传统出版业，在媒体融合趋势下，产业间的界限被打破，形成新的产业间协作关系，逐步走向一体化发展格局。

政府应该积极介入到供应链重构与产业融合中去，降低企业进行供应链重构与产业融合的边际成本，从而增加企业的边际收益。政府制定相关引导性政策，使数字出版产业呈现集聚效应与辐射效应，提高我国出版产业核心竞争力。

（三） 随网络价值的增加，呈现规模报酬效应

美国经济学家乔治·吉尔德（George Gilder）1993 年提出，"网络价值与网络用户数量的平方成正比"。随着用户数量的增长，出版产业的边际成本递减，与此同时，数字内容信息在网络经济中实现了增值，出版产业的边际收益递增。因此，在数字网络环境下，数字出版产品呈现规模报酬效应。而且，在现阶段媒体融合的情况下，媒介产品价值随着兼容的消费者的数量增加而增加，用户数量越多，边际效应也会递增。对数字出版产业来讲，如果付费方式、内容质量符合读者的消费习惯，就会产生成熟、稳定、不断扩大的消费市场。由于收益递增的存在导致行业集中度很高，一些优势的平台会加大研发投入，占据大量市场份额，从而实现规模经济，导致自然垄断。这就需要政府加强对数字出版产业进行合理监管，保障我国出版产业良性发展。

（四） 新媒体环境下的产品定价机制与知识产权保护

随着新媒体行业与传统出版的融合发展，价格的形成不同于传统出版模式，在网络平台经济中，数字产品很多时候是免费赠送的，用户越多，平台就流量越多，相继推出的主流产品无论定价的高低，都可能获得比较大的收益。数字出版领域电商平台往往采用微利价格模式，互联网经济独特的经济模式影响出版商价格形成机制。并且随着人工智能在数

字平台上的广泛应用，以算法为核心的大数据分析技术可以勾勒出读者的阅读偏好及付款习惯，在智能算法的主导下，可对消费者进行个性化服务，包括针对不同用户的动态定价。这往往对消费者的合法利益造成侵害，这种在价格上歧视消费者的行为，政府应予以监管。另外，随着新媒体对内容资源、发行渠道的影响逐渐增大，版权成为出版产业价值链的核心。在数字出版中，版权侵权问题常有发生，版权是新媒体赖以生存和发展的基础，保护原创版权的同时将内容资源转化为产业优势，是数字经济环境下出版业要解决的问题。

（五）数字出版企业间并购重组，实现利润最大化

数字出版企业间并购重组是以市场法则为基础，通过资本运作实现价值增值，从而实现增加经营效益的目的。在出版行业中，一些规模大的企业通过组合、收购、参股、兼并等方式进行有效运作，以实现利润最大化。数字经济环境下，少数互联网企业规模不断扩大，资本不断重组。例如，丹麦 Gyldendal 出版公司通过收购、合作的方式，与数字渠道商 eReolen、Storytel、Mofibo 等合作。又如，2021 年腾讯控股以 300 亿日元收购角川 6.86% 的股份，腾讯集团与角川集团就动漫业务达成商业联盟协议，形成资本联盟，构建了全球媒体格局。数字经济环境下企业的优胜劣汰会对经济运行带来不确定性，资本扩张相伴而生，要健全相关法律法规，使规制跟上数字经济发展的速度，保障出版企业间公平有序的竞争态势。

三、数字经济时代我国出版产业体系的构建

正是由于数字经济时代我国出版产业具有以上特征，决定了其在发展过程中需要政府的宏观经济调控。通过政策体系的完善与创新，促进数字经济环境下我国出版产业的持续、稳定、健康发展。

（一）宏观调控政策：促进我国出版产业转型升级

国务院印发的《"十四五"数字经济发展规划》提出"到 2025 年，数字经济核心产业增加值占国内生产总值比重达到 10%，数据要素市场体系初步建立，产业数字化转型迈上新台阶，数字产业化水平显著提升"。深刻分析数字经济条件下我国出版产业转型升级面临的新形势，为数字出版发展做好顶层设计，是新时期出版产业能否保持良好发展态势的关键所在。产业政策是一种与产业发展相伴而生的国家宏观调控政策，要阶段性地满足我国出版产业的内在要求。早在 2010 年国家新闻出版总署颁布的《关于加快我国数字出版产业发展的若干意见》就提出了总体目标、主要任务、保障措施。我国数字出版产业是

交叉领域的产业形态，受文化产业政策、信息产业政策、高新技术政策等多个领域的政策影响。我国数字出版产业在其发展过程中，可以充分应用与产业相关的其他领域政策带来的优惠，营造以出版产业政策为基础、其他领域产业政策为辅的产业政策环境。现阶段，要进一步发挥政府作用，培育具有创新能力的出版市场主体；要以用户需求为导向，全面促进出版市场消费，加快构建高效规范的出版市场。数字经济环境下，我国出版产业政策应以调整市场关系，规避市场失灵、优化资源配置为目的，倡导各市场主体使用自媒体、网络直播、VR 全景等新媒体，提升媒体的传播力，推动传统媒体与新兴媒体从产品、渠道、内容等方面深度融合，促进全方位媒体融合，从而达到我国出版产业在新形势下转型升级的目的。

（二）市场引导政策：提高我国出版产业核心竞争力

出版产业的核心竞争力突出表现为意识形态领域的引导力和经济领域的竞争力，制定市场引导性政策是提高我国出版产业核心竞争力的关键所在。在意识形态领域，要坚持正确的舆论导向，坚持中国特色社会主义方向不动摇，坚持社会主义核心价值观不动摇，发挥出版产业的舆论引导力。出版产业同时具有经济属性，可体现为经济外部性、知识产权保护等。企业内部资源是竞争力的前提，从外部获取资源也非常重要。为了提高我国出版产业的竞争力，政府引导性政策可以增加出版产业的正外部性，使数字文化出版产业呈现集聚效应与辐射效应。市场引导性政策可从优化数字出版产业功能区域布局、重视数字出版园区或基地的要素聚集与产业链优化方面入手，促进出版产业规模化、专业化发展。如江西数字产业基地，借助数字传媒、动漫游戏、数字内容、人才培训、手机应用等五大集群，构建了数字出版产业的整体格局。数字经济环境下，出版业具有产业辐射广、产业间融合性强的特点，因而，技术服务平台、内容发布平台等平台的建设具有集聚效应。可通过政策扶持，搭建一批功能性与扩展性强的平台，形成覆盖企业发展完整生命周期的在线服务体系，打造小微出版企业孵化平台、成熟企业发展服务平台，为我国出版领域形成规模效益创造条件，扩大优质企业的规模，提高其市场竞争力。

（三）技术促进政策：推动我国出版产业向智能化方向发展

出版产业的发展就是随着技术的进步不断进行产品创新和服务创新的，通过技术的更新，不断提高出版服务水平，不断满足人们多元化的信息服务需要是出版业的最终目的。2017 年 3 月，国家新闻出版署颁布的《关于深化新闻出版业数字化转型升级工作的通知》指出，"要求进一步开展跨界融合，出版企业联合高校、科研院所、技术企业，分类建设不同研究方向的新闻出版业重点实验室"，要求企业加大数字化转型升级的投入。政府要加强数字化基础设施的顶层设计，数字化基础设施的有效供给是推动数字出版产业智能化发展的重要基础。例如，在数字出版产业的新基建中，区块链技术就是重要的组成部分，区块链技术与其他信息技术有效结合，构筑了数字出版产业的基础架构，搭建了信息传输的数字化基础设施。数字化基础设施是现代出版业的基石，特别是在知识产权保护方面发挥了独特的作用。在互联网基础架构上实现的区块链服务系统，可以实现去中心化点对点传输、分布式记账等功能，改造原有的数字出版产业运营模式，实现版权登记与确权，建设开放型数字出版经济。数字出版产业是高固定成本、低边际成本的产业，在内容、形式和载体上对技术的变革非常敏感。政府要制定政策引导实力雄厚的企业整合现有的数字技术，构建数字出版产业的新基建架构体系，建设信息传输与价值传递并行的数字化基础设施，为企业主体、创作者主体等提供安全可靠的专业化服务，推动我国出版产业向智能化方向发展。

（四）规范性政策：保障我国出版产业稳定、有序发展

习近平总书记强调："要规范数字经济发展，坚持促进发展和监管规范两手抓、两手都要硬，在发展中规范、在规范中发展。"数字经济依赖于平台的崛起，企业平台当具有一定规模的时候，就应该担负起必要的责任和义务。为了营造公平竞争的市场环境，要健全市场准入制度、审查制度、监管制度，建立全方位监管体系，政府要制定相关政策督促数字出版企业平台自我规制，并注意防止平台垄断现象的发生，避免资本无序扩张，维护竞争有序的市场环境。

随着各类数据挖掘与人工智能算法的广泛使用，数字出版企业中使用算法的平台日益增多，算法问题引起的市场秩序混乱愈发频繁，要避免平台使用算法歧视、大数据杀熟等影响读者知情权的不公平的算法设计。数字出版立法中需要对智能决策过程进行必要的约束，要求平台在使用算法提高经济效益的同时，要选择面向用户的、透明的、全流程可追溯的算法，从而使市场交易透明化、公平化。另外，要制定必要的政策来保护知识产权，数字出版平台具有知识产权保护的义务，防止盗版、侵权等行为的发生，帮助原创者维权。我国 2019 年 1 月 1 日正式施行的《电子商务法》，已经对利用技术手段或算法进行自动化决策的活动形成规制和监管。随着我国数字经济的发展，出版产业还要面临新的问题与挑战，针对新问题、新情况，制定相应的规范性政策，是一项重要的任务。

参考文献

[1] 宋爽. 数字经济概论［M］. 天津：天津大学出版社，2021.

[2] 毛丰付. 数字经济：技术驱动与产业发展［M］. 杭州：浙江工商大学出版社，2021.

[3] 陆生堂，卫振中. 数字经济时代下企业市场营销发展研究［M］. 太原：山西经济出版社，2021.

[4] 袁国宝. 数字经济 新基建浪潮下的经济增长新引擎［M］. 北京：中国经济出版社，2021.

[5] 汪欢欢. 数字经济时代的服务业与城市国际化［M］. 杭州：浙江工商大学出版社，2020.

[6] 司占军，顾翀. 数字出版［M］. 北京：中国轻工业出版社，2020.

[7] 龚勇. 数字经济发展与企业变革［M］. 北京：中国商业出版社，2020.

[8] 易高峰，常玉苗，李双玲. 数字经济与创新创业管理实务［M］. 北京：中国经济出版社，2019.

[9] 刘权. 区块链与人工智能：构建智能化数字经济世界［M］. 北京：人民邮电出版社，2019.

[10] 汤潇. 数字经济：影响未来的新技术、新模式、新产业［M］. 北京：人民邮电出版社，2019.

[11] 国务院发展研究中心，世界银行. 创新中国：培育中国经济转型中的增长新动能［M］. 北京：中国发展出版社，2019.

[12] 李艺铭，安晖. 数字经济：新时代 再起航［M］. 北京：人民邮电出版社，2017.

[13] 马化腾，孟昭莉，闫德利，王花蕾. 数字经济：中国创新增长新动能［M］. 北京：中信出版社，2017.

[14] 徐晨，吴大华，唐兴伦. 数字经济：新经济 新治理 新发展［M］. 北京：经济日报出版社，2017.

[15] 杨丽编. 创新理论与实践［M］. 广州：广东人民出版社，2015.

[16] 陈春生，杜成功，路淑芳. 创新理论与实践［M］. 石家庄：河北人民出版社，2014.

［17］（英）基思·威利茨. 数字经济大趋势 正在到来的商业机遇［M］. 北京：人民邮电出版社，2013.

［18］潘向研. 数字经济对经济增长的影响机理［J］. 上海商业，2022（10）：68-70.

［19］刘和东，纪然. 数字经济促进产业结构升级的机制与效应研究［J/OL］. 科技进步与对策：1-10［2022-12-07］.

［20］许珂. 数字经济背景下我国出版产业的经济特征及政策体系［J］. 德州学院学报，2022，38（02）：61-66.

［21］姚惠娴. 数字经济对我国服务业的影响探究［J］. 商讯，2022（10）：159-162.

［22］黄毅梅，王新然. 数字农业发展建议［J］. 云南农业，2022（06）：20-21.

［23］李艺铭，王忠. 数字经济时代融合式创新模式及技术成果转化路径［J］. 科技导报，2020，38（24）：103-108.

［24］汪明珠. 数字经济助推供给侧结构性改革［J］. 信息通信技术与政策，2019（10）：69-72.